智慧父母学堂十八讲

徐东亚 ◎ 编著

吉林大学出版社
·长春·

图书在版编目（CIP）数据

智慧父母学堂十八讲/徐东亚编著. -- 长春：吉林大学出版社，2024.7. -- ISBN 978-7-5768-3341-6

Ⅰ．G78

中国国家版本馆 CIP 数据核字第 2024MD2332 号

书　　名：智慧父母学堂十八讲
　　　　　ZHIHUI FUMU XUETANG SHIBA JIANG
作　　者：徐东亚
策划编辑：卢　婵
责任编辑：卢　婵
责任校对：张　驰
装帧设计：叶扬扬
出版发行：吉林大学出版社
社　　址：长春市人民大街 4059 号
邮政编码：130021
发行电话：0431-89580036/58
网　　址：http://www.jlup.com.cn
电子邮箱：jldxcbs@sina.com
印　　刷：武汉鑫佳捷印务有限公司
开　　本：787mm×1092mm　　1/16
印　　张：15
字　　数：220 千字
版　　次：2024 年 7 月　第 1 版
印　　次：2024 年 7 月　第 1 次
书　　号：ISBN 978-7-5768-3341-6
定　　价：85.00 元

版权所有　翻印必究

编委会

顾　问：张润林

编　著：徐东亚

编　委：赵　文　宋玉淼　林晓红　张紫珍　欧阳康华　徐　倩
　　　　赖嘉琪　陈　娜　曾　仙　李　娟　彭嘉玉　杜素梅
　　　　李秀芳　张江范　李莹敏　李　林　余秀媚　刘凤丹
　　　　邓文兰　何秋妹　陈晓椰　王　莉　李从男　徐飞羽

序

《中华人民共和国家庭教育促进法》明确规定："未成年人的父母或者其他监护人负责实施家庭教育。""未成年人的父母或者其他监护人应当树立正确的家庭教育理念，自觉学习家庭教育知识，在孕期和未成年人进入婴幼儿照护服务机构、幼儿园、中小学校等重要时段进行有针对性的学习，掌握科学的家庭教育方法，提高家庭教育的能力。"同时，教育部等十三部门联合印发的《关于健全学校家庭社会协同育人机制的意见》中也明确要求中小学、幼儿园"每学期至少组织2次家庭教育指导活动，积极宣传科学教育理念、重大教育政策和家庭教育知识，同时针对不同家庭的个性化需要提供具体指导"。这都说明了父母承担家庭教育主体责任，以及中小学和幼儿园为广大父母提供家庭教育指导的重要性和必要性。而且，没有不爱孩子的父母，他们都希望给孩子最好的教育。父母总是乐意无私奉献，无论为孩子付出什么、付出多少，他们都会心甘情愿地尽力以待。同样，也没有一所学校一位老师不希望广大父母掌握科学育儿方法，提高家庭教育质量，进而与学校教育形成合力，共同保障孩子的全面健康成长。然而，现实的教育实践为父母提供的家庭教育指导服务或者很少，或者缺乏系统性，或者没有针对性和实效性，导致父母的学习机会少，父母承担家庭教育的主体意识不强，家庭教育质量提升难度大。由此，打击了中小学和幼儿园提供家庭教育指导服务的信心，从而形成恶性循环，最终导致家庭教育指导形同虚设，家校共育成为美丽的泡影。而这一切的根源就是缺乏系统的家庭教育指导课程和专业的家庭教育指导师。

从2009年开始，东莞市清溪镇联升小学在徐东亚校长的带领下，开设了父母学堂，邀请各界专家为广大父母传经送宝，希望以此来转变父母的教育观念，使广大父母掌握科学的家庭教育知识和方法，提高家庭教育水平。并以此为契机，成立家长委员会，构建"父母持证上岗"培训考核制度，并逐步完善家访、家长开放日、家长志愿服务、父母课堂学习及考勤制度，以促进家庭教育与学校教育同步发展。在联升小学，父母参加的每一次父母学堂的学习，参与的每一次活动，都能被孩子看到。这股无形的影响力、榜样的感染力在孩子的心中慢慢生根发芽，潜移默化地促进了孩子的健康成长。不爱参与班级活动的孩子变得积极主动了，爱捣乱的孩子也慢慢收心了，孩子的精神面貌和行为习惯有了质的飞跃，良好的学风校风蔚然成风。

随着时代的发展和家庭教育指导的深入，联升小学发现，原有的依靠专家这个外力来推动家庭教育指导的模式已经不能满足日益增长的家长多样化的需求，以及学校高质量发展的需要。为避免原有模式系统性不强、针对性不高、操作性不佳的问题，徐东亚校长组建联升教育集团家庭教育指导骨干教师队伍，邀请专家指导，围绕"崇和悦上"的办学理念，提出了"和睿家长"的概念和"和妈""睿爸"的行为标准，根据全国家庭教育指导大纲的要求，结合多年来所了解的广大父母的实际需求，系统构建父母学堂的课程体系和课程实施方案，完善和睿家长"持证上岗"评价体系。边学习、边实践，边探索、边撰写，边实施、边完善，终于完成并完善了联升教育集团父母学堂的课程体系和实施模式。这对于普惠式外来务工子弟学校而言实属不易，《中国教育》报专门以题为"外来务工人员子女家长也能'华丽转身'"对此进行了报道。

本书由联升教育集团家庭教育指导骨干教师经过八年的探索和实践，经系统总结而成，是一线教育工作者开展家庭教育指导实践的智慧结晶。在内容上，包括习惯养成、生命教育、情绪调适、人际交往、自主学习、兴趣培养、健康生活、合理消费、热爱劳动等内容，涵盖了德智体美劳各个方面。同时也包含了入园焦虑、幼小衔接、初小衔接等对孩子身心发展影响重大的关键节点的教育内容，内容非常丰富。在对象上，是针对幼儿园阶段和小学阶段的父母，采用"九年一贯"整体设计，这样的设计充分体现了教育要具有前瞻性和预防性特点，要把教育工作做到"前头"，不要等问题出现后才匆忙补救。家庭教育指导就应从幼儿园阶段开始，因为家庭教育指导属于成人教育范畴，而成人教育的核心价值在于解决问题。如果孩子年幼，许多父母不觉得有问题，往往对家庭教育指导不感兴趣；如果孩子大了，到了青春叛逆期，许多问题积重难返，家庭教育指导效果就会大打折扣。因此，家庭教育指导要抓住幼儿园和小学这两个重要时期来开展，对父母而言，他们感到教育孩子有"问题"有难点有痛点，更愿意接受家庭教育指导；对孩子而言，孩子的成长具有比较大的可塑性，父母的改变比较容易体现在孩子身上，容易产生积极的家庭教育效果，能更好地促进孩子全面健康成长。在结构上，本书设计为从幼儿园小班到小学六年级共九年18章，每学期每年级一个专题课程，这与教育部规定的"每学期至少组织2次家庭教育指导活动"非常吻合。因为家庭教育指导需要采用"1+n"模式，"1"是指系统性、专业性、全员性的专题课程，也是本书中每一章节的内容；"n"是指对象多元的、形式多样的、自主选择的活动，包括家长沙龙、家长工作坊、家长会、亲子活动、家长志愿者、家访等内容。每一章的呈现结构包括"崇和课程—睿智方法—悦上活动"三部分，分别对应的是问题剖析—解决策略—自觉行动。从家庭教育的实际问题出发，层层深入地分析原因，根据原因提出解决问题的方法，最后提供一些具体建议让父母回家实践操作，通过实践操作达到内化于心，外化于行的效果。

  本书的编写还具有以下三个特点。第一，系统性强。本书按照孩子的身心发展规律来整体构建知识体系，18章分别对应从幼儿园到小学的九年，每年设2章内容，从幼儿园的放心入园、健康第一、智力启蒙、感受情绪、快乐交往、幼小衔接，过渡到小学阶段的良好习惯、发现潜能、激发兴趣、呵护生命、自主学习、热爱劳动、阳光自信、媒介运用、有效沟通、迎接青春、合理消费、初小衔接。18 章 18 个内容层层递进，有明显的逻辑性和层次性。第二，针对性强。本书不仅明确了学习的对象是幼儿园和小学阶段的父母，而且还根据不同年级孩子普遍容易出现的问题而有针对性地提供课程内容。例如，小学一年级是各种行为习惯养成的起始和关键，不仅要让广大父母知道习惯养成的重要性和必要性，还要清楚知道需要养成的良好习惯有哪些，更重要的是掌握习惯养成的方法。再比如，孩子进入四年级时，是自我评价开始生成的关键时期，通过良好的自我评价促进自尊心和自信心的发展，可是现实生活中很多父母并不知道如何保护孩子的自尊和激发孩子的自信，所以在四年级阶段开设阳光自信的课程，具有明显的针对性。第三，操作性强。本书编写团队都是一线教师，而且本书内容都是经过实践探索而成的，少了生硬的理论"说教"，多了简单易学的"方法"，通俗易懂，简单明了，甚至可以"拿来"就用，非常适合一线教师和广大父母阅读。

我从 2009 年开始一直陪伴联升小学的成长，见证了联升教育集团从蹒跚行走、茁壮成长到高质量发展的过程，聆听了广大家长对学校办学的赞誉，目睹了家校共育形成的巨大力量。本书的出版发行，正是这股家校共育力量的智慧结晶。以此为序，望这股力量源源不断，并形成磅礴力量辐射出去，让更多学校和更多家庭受益。

广东省东莞市中小学教师发展中心正高级教师
广东省东莞市中小学家庭教育与心理健康教育指导中心主任
广东省家庭教育金牌讲师
张润林
2023 年 11 月

目 录

【幼儿园篇】

放心入园　适应生活 …………………………………………… 3

健康第一　快乐成长 …………………………………………… 17

遵循规律　智力启蒙 …………………………………………… 31

感受情绪　积极调适 …………………………………………… 45

快乐交往　与人为善 …………………………………………… 54

幼小衔接　迎新启航 …………………………………………… 66

【小学篇】

良好习惯　奠基未来 …………………………………………… 81

发现潜能　多元成长 …………………………………………… 95

激发兴趣　发展特长 …………………………………………… 105

生命至上　共同呵护 …………………………………………… 117

正视成绩　自主学习	129
热爱劳动　自立自强	141
阳光自信　成就自我	157
媒介运用　合理掌控	167
有效沟通　共同成长	179
用心关爱　迎接青春	188
合理消费　美好生活	198
初小衔接　梦想起航	208
后　记	226

【幼儿园篇】

放心入园　适应生活

【崇和课程】

入园一周了。一大早，妈妈像往常一样送欣欣去幼儿园，在快到幼儿园的时候，欣欣就开始哭闹不止，边哭边喊着："妈妈，不去幼儿园，不想去，我要回家。"妈妈在一旁不停地安慰她说："你已经在幼儿园待了一个星期了，那里有好多小朋友，小朋友都认识你啊，肯定很好玩。"欣欣不仅不听从妈妈的劝说，反而哭诉道："我不要跟他们一起玩，我不认识他们，幼儿园不好玩。"妈妈也渐渐失去了耐心，对她说道："你再哭，再哭我就走了，我就不要你了。"说完妈妈便把欣欣交给老师，欣欣一看到老师走过来，连忙躲在了妈妈的身后，用力抱着妈妈，不肯松手。老师把欣欣抱了过来，"我要妈妈，我要回家，我要妈妈，我要回家……"欣欣一边哭一边在老师的怀里挣扎。老师让欣欣妈妈先回去，示意让她放心。欣欣妈妈走几步又回头看了看，直到看不见欣欣的身影。但是欣欣妈妈还是不太放心，心里想着："孩子第一次上学，开学第一周就哭得那么厉害，不知道现在还哭不哭？""孩子比较胆小，倘若被欺负了怎么办？"于是，欣欣妈妈又偷偷地趴在教室的窗前，一直往里看，时不时踮起脚。

在教室里的欣欣经过李老师的安慰，情绪平稳了下来，可是欣欣只黏着李老师，李老师走到哪，她就跟到哪，李老师上个厕所她也要跟着去。

李老师引导她试着与同伴们一起玩，可是只要李老师一离开，她就开始哭泣，还一直喊着："我要妈妈，要妈妈来接我。"其他的小朋友原本不哭的，见欣欣一哭，也被带动了情绪，跟着哭了起来。老师哄了这个又哄那个，忙得不可开交。

欣欣妈妈时不时发信息给老师："李老师，我家欣欣还在哭吗？""她的书包里有牛奶和面包，如果她不肯吃早餐就给她吃。""李老师，能不能拍点欣欣的照片看看？""李老师，欣欣怎么样了，她上厕所还不太会擦屁股，麻烦你帮她擦一下。"……

欣欣为什么会出现各种各样的不适应呢？欣欣妈妈又为什么会这么焦虑呢？这引起了我们的思考，欣欣从熟悉的环境来到陌生的环境，接触陌生的人，与依恋对象分离，导致缺乏安全感和生活上的不适应，自我体验感产生落差，交往产生困难，难以融入集体生活。这种不适应就是因为父母在幼儿入园前没有帮助孩子做好入园准备。而欣欣妈妈对于孩子在幼儿园的情况各种的担心，时不时拿起手机看看班级群里的消息，急切地希望找到孩子在幼儿园生活的"蛛丝马迹"。父母的这种焦虑情况，其实也就是不放心、不信任。那应该怎样正确帮助欣欣做好入园准备，减缓入园分离焦虑，父母又应如何调整自己的焦虑情绪，帮助孩子更快、更顺利地适应幼儿园的一日生活呢？

父母作为孩子的第一任老师，幼儿分离焦虑的程度与父母焦虑的程度是密不可分的，父母的一举一动都会影响到孩子，父母对于孩子入园时的态度以及自身情绪的调节都影响着孩子入园分离焦虑的程度。

一、环境氛围的改变

从案例中的欣欣来看，第一次与妈妈分离，孩子的情绪紧张、不稳定，对周围的一切都处于不信任、防备的状态中，因此产生了强烈的哭闹情绪，甚至是强烈的抵抗。面对陌生的环境，孩子感到害怕，无所适从，再加上自理能力弱，更加让孩子难以适应。

二、安全氛围的改变

美国著名儿童心理专家斯坦利·格林斯潘的研究发现，3岁左右的孩子，几乎每隔15分钟就会找一次亲密看护人。这是包括人类在内的所有哺乳动物的本能：当与母亲分离达到一定时间和空间的边界后，就需要重新回到母亲身边，汲取安全感。

安全感对于孩子来说意味着安定，意味着专注力，意味着自信。缺少安全感的孩子很难和父母或是照顾他的"重要他人"分离。如果孩子的安全感没有得到满足，那么，在孩子上幼儿园时就很难度过分离焦虑期，这甚至会影响到他以后的生活。

三、社交氛围的改变

欣欣也存在着交往困难，从中我们了解到，由于父母担心孩子在外面受到伤害，更多地将孩子放在家里面，认为这样会比较安全，孩子和其他小朋友互动的时间非常少，当孩子在幼儿园遇到这么多的小朋友，她不知道如何与人交往，因而产生了人际交往上的困难。

四、父母对孩子的过度担心

从案例中欣欣妈妈的行为来看，孩子第一次离开自己，欣欣从小到大一直都是自己带着，孩子的衣食住行都由欣欣的妈妈负责，就怕欣欣在全新的环境里不适应，对幼儿园不放心、对老师不放心，趴在教室的窗前，踮起脚往里面看。事实上，我们也时常可以在网络上看到类似的视频，甚至有网民评价说："若你在幼儿园外见到这种情况，千万不要惊慌，不用报警，他们不是人贩子，只是孩子第一天上幼儿园。"是的，连父母也会有分离焦虑！

民间还有一个说法："不是孩子断不了奶，是妈妈自己断不了奶。"展现出了妈妈与孩子之间的依恋是相互的。甚至有可能，父母对于孩子的依恋更多。比如：不放心别人来照顾孩子，离开孩子有负疚感，对照顾者产生嫉妒心理，等等。

《正面管教》的作者简·尼尔森说："孩子的感知能力很强，但解读能力却很差。"对于父母的焦虑和不舍，孩子只会更加忧心忡忡、忐忑不安。当你觉得孩子离不开你时，你可能会感到很内疚，觉得应该要陪伴在孩子身边，孩子也会感受到你的焦虑，并吸收这种能量，做出相应的行为。作为父母，如果你认为孩子能够很好地面对分离焦虑，给予孩子信心，孩子也能够感觉到这一点，并更好地适应幼儿园生活。由于父母的担忧，不经意间流露出的微表情出卖了自己，使自己成为了孩子面对分离、对抗入园焦虑的"猪队友"。

五、父母的情绪应激反应过大

从案例中，我们还可以看到对于欣欣的入园分离焦虑，妈妈是采取恐吓的方法，"你再哭，再哭我就走了，我就不要你了"。事实上，孩子的分离焦虑也会受到父母不恰当行为的影响。这些父母通常将孩子送入园后，不论老师怎么劝说都迟迟不肯离开，一会亲吻孩子、一会又抱又哄，堪称难舍难分，甚至有些父母在送孩子入园之际，与孩子一起痛哭流涕。一些父母，当他对孩子无可奈何之际，往往会用威胁式语言"不好好吃饭就把你送到幼儿园，再哭就不要你了，不听话就打电话让老师来批评你"的话来制服孩子。这种行为只会让孩子对幼儿园产生阴影。其实，父母不经意间的话语和举止，在很大程度上影响着孩子，由此导致了孩子紧张、恐惧、忧郁等不良情绪的产生和发展。

通过调查发现，孩子在家吃饭、收拾玩具，父母全部帮忙的占五成，偶尔帮忙的占二成，独自进行的仅占三成。由此可见，这些"小少爷""小公主"很受父母宠爱，也直接导致了孩子独立性较差，事事都依赖父母，难以适应集体生活。再者是父母过度严厉。如：限制过多，不让孩子和其他小朋友交流、互动，让孩子缺少了与人交往的机会，造成孩子社会性发展缓慢，步入幼儿园以后人际关系紧张不安或出现社交适应障碍等。这都将会让孩子产生分离焦虑。

【睿智方法】

幼儿园是孩子独立踏入社会的第一步，也是孩子新生活的开始，孩子能否更好地适应幼儿园的集体生活，能否顺利完成从家庭到幼儿园的过渡阶段。我们需要正确认识分离焦虑以及掌握科学的应对方法来帮助孩子缓解入园分离焦虑，更快地适应幼儿园生活。

一、认识分离焦虑有妙招

（一）真诚共情，了解什么是分离焦虑

入园焦虑又名分离焦虑，是指孩子在入园时面临新的生活环境与新的人际关系而形成的情绪障碍，主要表现在情绪情感、自理能力、人际交往等三个方面。入园焦虑经常表现为：孩子入园前期的脾气暴躁、情绪低沉、依赖老师、抵制进餐、攻击别人等现象。入园焦虑是家庭教育中的不足与偏差的反映，一旦孩子焦虑的情绪不能得到合理的缓解和释放，将潜移默化地影响其身心健康的发展。

（二）理性乐观，不佛系也不过于紧张

父母要理性乐观，既不佛系也不要过于紧张。我们首先要明白，分离焦虑体现了孩子和父母之间强烈的爱和依恋感，对于刚入园的孩子来说，出现分离焦虑是很正常的。

孩子产生分离焦虑的原因有很多种，我们从以下三个情况进行简述。一是陌生式焦虑。因为陌生的环境、陌生的人而产生的分离焦虑是在刚入园的孩子中具有普遍性也是最关键的原因，这通常是孩子刚入园时在情感、生活、行为、交往等各方面都还不适应造成的。例如：幼儿园不熟悉的环境、老师、同伴让孩子感到害怕和缺乏安全感，孩子动作协调能力差，不熟

悉的幼儿园生活方式让孩子在生活方面各种不适应，害怕无人照顾和帮助所形成的不安，因孩子在家深受父母宠爱，入园后遇到这么多陌生的同龄人，不懂得如何应对，担心被欺负，产生人际交往方面的不适应。在集体生活中，孩子会受到一定的约束，不能像在家里一样随心所欲，这样也会使孩子无所适从。二是抵触式焦虑。因为抵触幼儿园而形成的分离焦虑，通常发生在入园的第二天或第三天之后，这正是因为刚踏入幼儿园时，对幼儿园的所有事情都很新奇，等孩子觉得不再新奇时就会产生厌倦心理，引起孩子想家的情绪而哭闹。三是感染式焦虑。这种情形一般出现在入园时和离园前，具体表现为原本不哭闹的孩子，看到其他孩子哭闹，从而引起孩子对父母想念的情绪而哭闹。因此，孩子从家庭进入到幼儿园有分离焦虑是很正常的，父母要理性对待，不要过于紧张。

当然，不过于紧张并不代表就可以"佛性"对待。孩子出现分离焦虑大部分是因为缺乏安全感，由于父母工作繁忙，与孩子相处的时间较少，导致孩子安全感缺失。父母过度溺爱孩子，事事包办，孩子习惯被父母保护，导致在新环境无法适应，安全感也容易缺失。父母用言语恐吓、打骂吓唬等不恰当的行为方式对待孩子，在某种程度上，孩子的心理受到伤害，缺乏安全感。父母应尽可能地给予陪伴，在父母需要和孩子分开时，给予孩子缓冲的时间，减轻孩子面临分离时所带来的焦虑。多一点时间关心、陪伴、照顾孩子，使他对外面的世界充满信心，这样可以使孩子乐观面对分离。如果父母平时对孩子疏于照料，没有满足到他的依赖心理，当孩子面对分离时就会感到害怕、恐惧，对新的环境更加无法适应。因此，父母在孩子出现分离焦虑时，既不能过于佛系，也不能过于紧张甚至愤怒。父母要做的，就是帮助孩子做好各方面的准备，帮助其尽快适应幼儿园生活。

（三）积极引导，告别过度的分离焦虑

分离焦虑一般持续一到两周，若孩子入园一个月后仍持续出现分离焦虑，这种情况已经属于过度的分离焦虑。过度的分离焦虑说明孩子极其缺乏安全感，若得不到妥善引导，将有可能埋下更多问题隐患，因此父母一

定要引起重视。

入园焦虑是有一定过程的，大致可以分为三个阶段：过渡—适应—融入。

1. 入园过渡期

这里的过渡是指孩子从家庭阶段或某一种生活状态逐渐发展变化而转入到幼儿园阶段或另一种生活状态的过程，属于过渡期。孩子面对入园分离焦虑都需要从环境的改变、依恋对象的转移、自我体验的落差等方面逐步进行过渡。父母要给予孩子足够的安全感，可以提前介绍幼儿园的生活。告诉孩子幼儿园有你喜欢的滑梯，还有很多有趣又好玩的游戏，也可以认识很多的好朋友。同时，还可以明确告诉孩子如果想妈妈了的一些具体做法。例如：来园时可以让孩子携带家人的照片或孩子喜爱的玩偶、玩具等；也可以是来自家人的鼓励，如"爱的抱抱"；还可以进行入园前的分离练习，通过情景游戏的形式建立起孩子的安全感。

2. 入园适应期

适应指在新的社会环境下，随着各种因素的变化，幼儿的生理与心理需要一定的适应过程，属于适应期。如：心理方面的适应、环境方面的适应、生活习惯的适应等，幼儿的发展依赖于从最初不稳定的平衡过渡到逐渐稳定的平衡适应。在入园适应期，父母首先要相信孩子，坚持送孩子入园，不要三天打鱼两天晒网，更不要用欺骗的方式让孩子入园。正确的方式是鼓励孩子主动告别，比如："宝贝长大了，抱一抱，相信你一定可以的，妈妈放学就来接你。"其次是接纳孩子的情绪并积极引导，如："你不想上幼儿园，是不是想妈妈了？想妈妈很正常，你想妈妈的时候，妈妈也在想你。""今天你都没有哭闹了，真棒！""你是微笑着和妈妈说再见的，笑容真好看！"等。

3. 入园融入期

融入指彼此间的融合或彼此间的接纳，泛指一个人从思想上和形式上融入了另一个集体，成为一个更大的集体。如：孩子与同伴之间的融入、孩子与老师之间的融入等。在入园融入期，父母可以帮助孩子提升社交能力。如：可以和孩子聊一聊什么是朋友，怎么交朋友，你的好朋友是谁呢，朋友可以一起做什么，如果朋友让你伤心难过怎么办，怎样做一个"好"朋友，怎样向朋友表达你对他的关心，怎么帮助不开心的朋友。也可以让孩子学习一些礼貌用语，如："我可以和你一起玩吗？""你可以帮我拿一下玩具吗？""谢谢。""不客气。"等。

如果孩子比较胆小，可以鼓励孩子敢于表达自己，如："当你害怕的时候，想想你最喜欢的小飞侠，它会把勇气传递给你，你就变勇敢了。""当你有需要的时候，可以告诉老师，她会帮助你的。"

二、缩短分离焦虑有技巧

（一）心理引导早准备

1. 延迟等待体验法

父母可以在家通过分离练习循序渐进地来降低亲子依恋的强度，并给予积极引导，缓解孩子的分离焦虑。如：与孩子约定好，妈妈出去买东西，由奶奶陪着你，妈妈20分钟后就回来。在离开的时长上，父母可以依次递增，第一次是20分钟，第二次可以是30分钟、40分钟，慢慢拉长离开的时间，让孩子知道妈妈只是暂时离开，依旧爱着宝贝。当父母再次回来时一定要表现出很开心，表扬孩子没有因妈妈离开而哭闹，并且父母一定要在与孩子约定的时间内准时回到孩子身边。

2. 绘本阅读体验法

三岁的孩子对故事和图片最为敏感，若能充分利用与幼儿园相关的绘本进行亲子阅读，孩子思想上有准备，就能达到良好的过渡效果。如：了解幼儿园的绘本有《我爱幼儿园》《幼儿园的一天》《幼儿园我来啦》《汤姆上幼儿园》；具有安全感的绘本有《我妈妈上班去了》《我想念你》《手心的魔法》《存起来的吻》；接纳坏情绪的绘本有《大卫上学去》《魔法亲亲》《一口袋的吻》；鼓励孩子表达的绘本有《我的情绪小怪兽》《辉辉的小脸蛋》；习惯养成的绘本有《呀，内裤穿反了》《嘘，午安》《老师我想上厕所》。

3. 言语鼓励体验法

父母首先要调整好自己的心态，有疑惑应及时咨询，将问题解决，使自己可以轻松、放心地对待孩子入园这件事。同时也要及时表扬孩子、鼓励孩子，如："宝贝长大了，可以去幼儿园了。""宝贝今天很不错哦，可以自己吃饭了。"切勿用幼儿园和老师吓唬孩子，让孩子内心更加恐惧。也不要问孩子："今天老师说你了吗？在幼儿园有做错什么吗？"这样的问题实质上是否定了孩子。父母可以每天和孩子聊聊在幼儿园发生了什么有趣的事情，一起玩玩亲子睡前小游戏、一起刷牙洗脸，睡前再来一个爱的吻。

（二）环境熟悉早适应

1. 帮助孩子提前学习走出家庭

父母首先要对新环境的生活充满"喜悦和期待"，并且要真心"相信"孩子能够面对新环境。这种积极的心理暗示会给孩子带来正面的力量，让他充满信心地去迎接新的环境。如：带孩子接触新的环境，鼓励他们自己尝试探索新鲜事物，让他们敢于迈出第一步；还可以提前实地参观或通过视频和图片的方式让孩子熟悉幼儿园和老师，经过一个地方就告诉孩子是哪里以及可以做什么。

2. 与孩子共同参加亲子活动

父母可以留意幼儿园发布的信息或与老师沟通前往参加，引导孩子融入集体生活。在参加亲子活动时，父母要以身作则，培养孩子主动打招呼的习惯，及时鼓励和肯定孩子。同时，引导孩子学会排队轮流玩，与同伴分享玩具。

3. 培养孩子的人际交往能力

孩子之间的交往关系可以帮助他们适应新环境，父母要创造条件让孩子接触同伴。当孩子遇到问题时，先了解情况，并安抚孩子的情绪，引导孩子解决问题；给孩子树立榜样，鼓励他们自主分享，培养孩子的分享意识，引导孩子礼貌对待同伴，具有宽容之心，懂得原谅他人。可以带领孩子多与同龄人接触，也可以邀请好朋友到家里一起玩，并鼓励孩子主动与同伴交往，打破距离；还可以与孩子进行游戏式的社交练习，如："我可以和你一起玩吗？""我们一起搭积木吧！"将邀请游戏、轮流游戏、交换游戏、分享游戏等贯穿其中。

4.创造入园仪式感

在孩子入园当天，父母可以通过各种形式给予孩子满满的入园仪式感。如：起床的一个拥抱、镜子前的一次微笑挑战、互相鼓励的一次击掌、入园的第一张合影等。

（三）生活能力早培养

孩子从家庭到幼儿园，无论是心理还是生理上都是一个极大的转变，作为父母，我们应培养孩子生活的能力。

1.生活技能方面

一是进餐时，父母要培养孩子在固定的时间和地点用餐，鼓励他们学会独立进餐，不需要父母喂。可以用适当的方式对孩子好的进餐行为给予奖励或肯定，若孩子吃饭慢，可以通过沙漏的方式逐步限定孩子吃饭的时间，还可以每次少盛一些，吃完再添饭，并鼓励孩子说："宝贝好棒哦，30分钟就可以吃完一碗饭，那么我们再挑战25分钟吃完一碗饭吧。"这样可以让孩子在进餐后享受到满满的成就感。另外，也要让孩子养成按时定量饮水的好习惯，多喝白开水，少喝饮料，多吃新鲜的水果、蔬菜。

二是上厕所时，有些孩子会害怕厕所的"洞洞"，因此父母要帮助孩子消除心里的紧张感。幼儿园的厕所一般都是蹲坑式的，如果孩子没有用过这种厕所，父母就要提前帮助其进行练习。可以通过孩子喜爱的游戏形式来开展，如：在平地左右两边各垒几块泡沫垫，并用胶带固定住，中间间隔一定的距离，然后与孩子一起比赛蹲下和站起，并在安全的前提下反复练习，直到孩子熟练掌握。

三是学会七步洗手法。孩子对周围的环境充满好奇，他们会用手去探索、感知这个世界，由此也增加了接触细菌的可能性。孩子的健康离不开良好的卫生习惯，不仅要提醒他们在饭前便后洗手，还要让他们学会正确的洗手方法，养成良好的卫生习惯。

四是学会自己穿脱衣服、鞋袜，懂得辨别衣服的正反，鞋子的左右。父母要尽量为孩子准备方便穿脱的衣服、鞋子。若穿脱过于复杂，不仅给孩子增加了很多困难，也会使孩子很快失去信心，导致他们因穿不好、穿得慢，自尊心受挫。因此，作为父母要有耐心，多鼓励孩子学会基本的穿脱动作，可以用孩子喜爱的方式，如：将穿脱的步骤编成一首儿歌，让孩子一边唱一边做。还可以与孩子一起进行角色扮演的游戏，帮"小宝宝"穿衣服、穿鞋子等。

2. 生活物品方面

父母可以让孩子参与入园物品的准备，并告诉孩子每件物品的用途，让孩子产生使用这些物品的期待。

（1）书包：贴上孩子的姓名，便于教师确认，让孩子知道背上心爱的书包上幼儿园是一件很自豪的事情。

（2）衣服：给孩子准备宽松舒适的衣服，避免穿戴有绑带、抽绳、装饰品过多的服饰，以确保孩子的安全活动，考虑幼儿园活动的便利。同时孩子在幼儿园的运动量较大，因此也要准备至少两套更换的衣服和隔汗巾，并在衣服和汗巾上贴上孩子的姓名。

（3）鞋子：给孩子选择一双适合脚的鞋子，便于孩子户外活动时的运动。小班的孩子不建议穿带有绑带的鞋子，以确保孩子的安全活动。同时还要准备一双拖鞋，便于孩子在午睡期间能较快地去上洗手间。

（4）依恋物：若孩子依恋性较强，可允许初入园的孩子带一两件自己心爱熟悉的物品，给予孩子一定的安全感。

3. 生活作息时间方面

家庭和幼儿园的作息时间也大不相同，养成良好的作息时间也是帮助孩子较快适应幼儿园的有效途径。结合幼儿园的一日活动时间安排，我们建议孩子21：00上床睡觉，保证孩子充足的睡眠。爱玩是孩子的天性，父母可以通过角色扮演的游戏，提前在家里进行演练，父母和孩子一起列出幼儿园一日活动时间表，同时制作一些卡通的图案贴等小手工用于对幼儿完成的激励。在制作的过程中，不仅可以让幼儿的动手能力得到发展，同时也能够让幼儿收获成功的喜悦和自豪感，帮助幼儿建立自信心，这样孩子不仅能熟悉幼儿园的作息时间和规律，还能更快地适应幼儿园的日常生活。在幼儿园每天需要午睡，当孩子从未独自入睡，一到幼儿园午睡时就会产生不适应。因此，父母要提前引导孩子在家养成午睡的习惯，给孩子准备一张小床，刚开始孩子不愿意入睡，父母可以坐在一旁陪伴或者用孩子心爱的玩偶陪伴，循序渐进，逐步让孩子养成独自入睡的习惯。

4. 规则意识方面

俗话说"没有规矩不成方圆"，培养孩子的规则意识同样重要。一是父母要以身作则，孩子的模仿能力很强，父母的言行举止都会成为孩子模仿的内容。如：父母可以与孩子一起制定进餐小规则、外出游玩小规则等，让孩子懂得自觉遵守，培养孩子的规则意识。二是给孩子有限的选择，如：当孩子在家乱跑时，你可以说，你现在是先看书还是先画画？把孩子此刻必须要做的事定为规则，在一定范围内给予孩子能够选择的方向，从而乐意接受规则。

三、应对分离焦虑有艺术

（一）调整心态助成长

从父母的角度来看，建立对教师的信任是支持教师工作的重要基础。一是父母应该积极主动地支持教师。幼儿教师经过专业学习，了解幼儿的身心发展规律，懂得如何教授孩子技能和经验。二是统一战线，共同教育。当幼儿园教育对孩子产生影响后，在家的教育方式就要与幼儿园教育在要求与想法上保持一致，这样才能保证幼儿得到有效的、可持续的发展。三是对老师的付出给予肯定。在幼儿园开展各项活动中，教师付出的劳动成果都希望得到家长的肯定和正确的评价,这样有助于教师建立自信心,进而更好地开展活动。父母与老师之间的信任,建立在彼此了解、尊重和真心上,需要很多方面的共同合作,以诚信互相对待,家长要相信每一位工作负责的教师。

父母要调整好心态,给予孩子积极的暗示,如:与孩子畅享幼儿园可能会发生的有趣事情。当孩子对父母产生依恋和依赖,不愿意上幼儿园时,父母往往会心软、动摇。孩子虽小,但对父母的情感、心态却非常敏感,一旦孩子察觉到父母的动摇心态时,会强化孩子不愿上幼儿园的想法,因此,父母送孩子入园时态度要坚定。同时,要切记不可用加倍的零食、玩具作为补偿,不可对孩子提出的要求有求必应,久而久之,孩子就会更加任性、变本加厉。我们要以平静和羡慕的态度与孩子分享快乐,建立起对孩子的信任。

很多父母即使做好充分的准备,仍有可能被现状弄得措手不及。当分离时看到孩子的哭闹,难免会对孩子在园的生活感到担心。如:担心孩子会不会哭闹、有没有吃饱、有没有睡觉、有没有被同伴欺负,等等。其实父母完全没有必要担心,幼儿园每天都会提供两餐两点,并且都是根据孩子的营养需求来制定的,足够孩子一天的需要。而且教师也会做好监督工作,鼓励孩子把饭吃完,也会用相应的激励措施,让孩子学会独立和自理。教师也会通过一些主题活动来引导孩子学会正确交往和解决问题。总之,父母不用过于担心,让孩子学会自己成长,学会自己面对,不要觉得孩子离不开你,也许是你离不开孩子。

(二)陪伴沟通润心灵

充满爱的成长环境和融洽的家庭成员关系可以让孩子感受到安全感。当孩子有了安全感,在入园时就不会非常焦虑,因此父母要多点时间陪伴孩子,多与孩子沟通,给予孩子爱和温暖,让孩子知道,不论发生什么事情,爸爸妈妈都会一直陪伴在你身边。父母在家可以与孩子共同阅读,一起聊聊今天发生的有趣事情,可以用绘画的方式表达此刻的心情或感受,还可以一起制作手工作品，并进行分享等。

总之，孩子从家庭步入幼儿园是成长过程中重要的一步，需要我们科学准备、正确引导，只要家园密切配合、相互支持，形成教育合力，相信每一个孩子都能够放心入园，适应生活。

【悦上活动】

一、情景分析题

娜娜一直待在爸爸妈妈身边，由于爸爸妈妈要出差，不得不让娜娜去外婆家暂住一段时间。娜娜初到外婆家感到十分新奇，感觉自己从来没有见过这样的环境，但当爸爸妈妈要离开时，他们向娜娜解释先行离开的原因，娜娜听完后却一句话也不说，紧紧地抱住爸爸妈妈，不肯让他们离开。

请问你们有遇到类似这样的情况吗？你觉得作为父母如何更好地去处理这样的问题呢？

二、亲子活动

请结合实际情况，根据对幼儿园的了解，与孩子一起自创绘本《我心中的幼儿园》，帮助他们了解幼儿园的一日生活，让他们提前熟悉、适应即将迎来的幼儿园生活。

健康第一　快乐成长

【崇和课程】

周末，龙龙一家来到外婆家玩。刚下车，外婆便匆忙从厨房迎出："龙龙小宝贝，外婆可想你了，快让外婆看看有没有长高？没好好吃饭吗？这么瘦。"妈妈无奈地说："是啊，这孩子又不喜欢吃青菜，还老是挑食。"龙龙扁着嘴答道："妈妈不给我买麦当劳。"外婆瞥了龙龙妈妈一眼，说："没事，外婆等会儿给你买。"妈妈瞪着龙龙说："整天就知道吃这些，等会儿不好好吃饭，看我怎么收拾你！"外婆牵着龙龙的手往屋里走："来，我们去洗手吃饭了。"

饭菜摆好后，龙龙绕着餐桌看了一圈，发现有自己不喜欢吃的菜，爬上椅子嚷道："我不吃这个青菜和那条鱼。"外婆笑着说："龙龙，怎么不喜欢吃呢？这条鱼很有营养。"龙龙刚要说话，妈妈打断道："哪里来那么多废话，这条鱼很有营养，赶紧吃！外婆刚说了吃完饭给你买麦当劳，你没吃完就不给你买！"说完，妈妈转身走开了，龙龙耷拉着小脸看着碗，用勺子不停地翻拌着碗里的饭菜。这个时候其他人都吃完饭了，妈妈便催促道："赶紧吃，还在玩什么？"边说边把碗筷收进厨房，便不理他。等妈妈洗完碗筷出来看到龙龙还磨蹭地吃着，立马就生气了，站在那指着龙龙说："你到底想干什么？一碗饭吃这么久，别的小孩一下就吃完了，你怎么不学学别人。"龙龙带着哭声委屈地说:"妈妈,这个菜不好吃,要不你陪我吃饭吧。""吃饭还需要陪吗?不好吃也要吃完,不能浪费。我等下还有事情,哪有那么多时间等你把饭吃完。我让外婆陪你吃吧。"龙龙低着头不再说话。

这时外婆提着一袋麦当劳从门口进来,妈妈对外婆说:"妈,你这么快就买回来了?他的饭都还没吃完呢。你帮我照看一下龙龙,把饭吃完才能吃其他的。我现在还要出去办点事,晚点再回来接他。"龙龙看着妈妈离开的背影,"哇"的一声哭了出来。

冰冻三尺,非一日之寒。龙龙的问题和行为并非一日形成,究竟哪些方面出现了问题呢?龙龙挑食情况该怎么处理呢?父母没有耐心倾听孩子、陪伴孩子,出现问题时常常打骂孩子。其实,孩子也是一个独立的个体,我们需要花更多时间、精力去寻找孩子身上的闪光点和不足之处,然后加以引导。而不只是站在大人的角度,一味地认为我们这样做就是为了孩子好,什么都给他就是最好的,从而忽视了孩子真正的需要是家长的关爱和陪伴。

我们经常说要重视孩子的身心健康,那究竟什么是健康呢?世界卫生组织对健康的定义是:"健康乃是一种在身体上、精神上的完美状态,以及良好的适应力,而不仅仅是没有疾病和衰弱的状态。"即身体健康和心理健康。身体健康是幼儿身体各器官组织构造正常,各生理系统能良好地发挥作用,有效抵御各种疾病。而心理健康是幼儿合理的需求和愿望得到满足之后,在情绪和社交等方面所表现出来的一种良好的心理状态。因此,在关注幼儿健康时,不能片面地只关注身体健康,要全面看待幼儿的身心健康问题。

一、正确的教养观念

福禄贝尔曾经说过:"家长给幼儿创造了生活的第一个环境,父母的生活方式以及对幼儿教育态度会直接影响幼儿身体健康。"在生活中,有些孩子挑食,不喜欢吃肉或不喜欢吃蔬菜,家长也没有注意及时调整饮食结构，不仅影响幼儿的生长发育，而且会使幼儿的抵抗力下降，容易生病。正如案例中龙龙想要吃麦当劳，而他的饭还没吃完，外婆就已经买回来了。妈妈看到这种情况也没有明确态度，"睁一只眼闭一只眼"，放任孩子吃垃圾食品，无形中也助长了龙龙挑食的不良习惯。从这些细节中可以看出长辈或父母对于孩子的不良饮食习惯较为放任和纵容，没有正确地引导孩子。

那么，当孩子出现这些情况时，家长更加需要调整自己的教育方式方法，转变自己的观念，让孩子建立良好的饮食习惯。

（一）树立榜样

古语有云："身教重于言传"。孩子善于模仿，并有很强的可塑性，而家长又是孩子的学习对象，更要起到引导、示范的作用。家长不应随意在孩子面前评论今天哪些菜不好吃，如果遇到孩子不喜欢吃的菜肴，家长更应当在孩子面前仔细品尝，激发孩子进食的兴趣和欲望。

（二）鼓励赞扬法

希望得到别人的赞扬和认同是人的天性，心理学家对儿童的心理测验表明，当一个疲惫的孩子受到赞扬时，容易激发他产生一种明显的新的向上的力量。因此，在改善幼儿的饮食方面，家长同样可以巧妙运用鼓励和赞扬法。如"宝宝今天既吃了鱼，还吃了不少青菜，真棒！""瞧，你今天的吃饭速度变快了，有进步哦，继续保持，加油！"等。家长应当关注孩子的进餐情况，发现有任何进步，便及时表扬和鼓励孩子。

（三）良好的进餐氛围

进餐不仅是生理需求，也是一种精神享受。餐桌上可以铺上孩子喜欢的卡通图案桌布，播放轻快悦耳的轻音乐等。培养良好的进餐氛围，让孩子在愉悦的心情中用餐，使进餐成为一种享受，不喜欢的食物也会变成美味佳肴。父母切忌在用餐前或用餐过程中严厉批评孩子，这容易造成用餐时的紧张氛围，同时影响孩子的食欲。正如案例中妈妈在龙龙吃饭时一直责备和批评，我认为就算是再美味的食物，孩子天天在这种环境下吃饭，能够吃得好吗？

（四）不纵容孩子

有些家长对孩子过于溺爱，孩子想要吃什么都会满足他。还有些家长甚至为了能让孩子多吃一点，经常用孩子喜欢的零食作为诱饵。但往往这些行为会导致孩子形成偏食、挑食的坏习惯。案例中，妈妈看到外婆买回来的麦当劳后也是"睁一只眼闭一只眼"，这种行为逐渐让龙龙养成挑食的不良习惯。因此，家长要把握其中的"度"，既要满足孩子的正当需求，又要抵制孩子的不合理要求，切勿纵容或让步。

二、心与心的碰撞

良好的情感沟通是维系家庭内部各个成员的纽带。许多父母认为抚养子女最重要的就是给子女提供衣食无忧的生活，却从未站在幼儿的立场上去看待问题。在幼儿时期，孩子更希望与父母进行沟通和交流，这是建立和改善亲子关系至关重要的一环。正如案例中龙龙进餐缓慢，就被妈妈催促和责备，拿龙龙和别的孩子相比较。从中可以看出父母与孩子的沟通方式不当，经常指责孩子，缺乏耐心引导和倾听孩子的心声。久而久之，孩子在进餐或者做其他的事情时，都会缺乏自信，有什么想法也不愿敞开心扉与父母进行沟通交流。

父母在为幼儿提供物质上需求的同时，也要关注幼儿的精神情感需求，多站在幼儿角度思考问题，以鼓励、理解和尊重的方式与子女进行心灵交流，在幼儿发表意见或想法时表现出浓厚的兴趣。比如，案例中龙龙挑食，不喜欢吃青菜和鱼，妈妈可以询问孩子身体是否不舒服还是饭菜不合胃口，及时发现问题，与孩子一起沟通怎么改善和解决。从这些细节中让孩子体会到遇到问题多和父母沟通，能想到更多的解决办法，那么孩子就会在父母的反馈中相信自己，肯定自己，发现自己的价值。

三、成长路上不缺位

美国心理学家哈洛曾做过一个非常著名的猕猴实验。把刚出生的小猕猴放到一个笼子里，里面有两个代理母亲：第一个用钢丝做成，提供奶水；第二个则用柔软的绒布做成，没有乳汁，却可以提供温暖与怀抱。实验发现，小猴只有很饿很饿时才会离开绒布妈妈，一吃完奶就赶紧找绒布妈妈。从中可以发现温暖的怀抱、温柔的话语等，是一个生命正常成长中不可或缺的部分。虽然长辈对孩子也很疼爱，但孩子对父母的情感依恋需要得不到满足，渴望跟父母在一起的心理需求被长期忽视，那么孩子的心理健康也会受到影响。正如案例中龙龙想要妈妈陪同吃饭的情况一样，那一刻可能他只是想让妈妈陪一会儿，却还是被拒绝了，你能想象得到孩子当时的心情吗？

其实，在我们身边出现的事例中不难发现，成长过程中缺少父母陪伴、关注和呵护的孩子，情绪敏感且脆弱，个性、心理发展也存在异常。英国教育家夏洛特·梅森说："很多父母总是终日奔忙，从来无暇顾及孩子。当他们终于有一天想要好好关心孩子的时候，发现竟然无法与孩子进行沟通，父母对于孩子来说已经变得无足轻重。"由此可见，父母在孩子成长过程中给予充分的陪伴是多么重要。

（一）用心陪伴

很多父母会说，我对孩子的陪伴一点都不少啊，可为什么孩子的教育效果还不理想呢？其实大多数时候你所谓的"陪伴"只是形式上的"陪着"而已。正如科技发达的今天，电子产品是人手必备的工具，而家长在陪伴孩子时却总在玩手机，难道这就是陪伴吗？我们真正融入孩子的世界了吗，有与他一起交流分享吗，有感受到他的情绪变化吗，这是值得我们深思的问题。

（二）有效陪伴

有效的陪伴是父母主动参与孩子的活动，与孩子一同游戏、看书或一起讨论游戏等。我们也知道,父母在结束一天工作,特别疲惫的时候,还要坚持和孩子互动,给孩子讲故事等,这对任何父母来说都是一种挑战。因此,教育专家提出高品质的陪伴的建议,即父母需要每天专注地陪伴孩子15分钟,在这15分钟内,父母是全程专心和孩子一起互动、交流的。

父母是孩子的引导者,也是孩子成长历程中的合作者,给孩子多一些陪伴,帮助孩子建立起自信和自我价值感,让他们能健康快乐地成长。

【睿智方法】

幼儿阶段是儿童身体发育和机能发展极为迅速的时期,也是形成安全感和乐观心态的重要阶段。因此,从幼儿时期起就要关注和培养孩子的身心健康。

一、让孩子有一个健康的体格

我们常说"身体是革命的本钱",父母应为孩子提供富有营养的食物,保证充足的睡眠,除此之外,还应给孩子创造更多体育锻炼机会,以此来保证孩子的身体健康。为此,父母可以从以下几个方面帮助孩子促进身体的健康发展。

(一)合理的饮食结构

曾经有两则新闻引起了人们的关注。第一则新闻是:一个4岁的孩子在睡眠中去世,而导致这一情况的罪魁祸首是肥胖。这个4岁的孩子腰围达到了95厘米,身体质量指数(BMI)超过35,属于重度肥胖。第二则新闻是:一个7岁的孩子,体重110斤,患有高血压,在睡眠中因心血管疾病引发血管破裂,不幸去世。很多人认为,孩子胖胖的才叫健康,而这是一个悲哀且可怕的育儿误区。

随着现代社会的迅速发展,人们越来越重视饮食。都知道"早餐要吃好,午餐要吃饱,晚餐要吃少",但很多人并没有了解其中的意义。正如父母喜欢拿自己的孩子跟身边的孩子进行比较，稍微矮一点或者瘦一点就很担心，就会给孩子补充各种营养；也有一部分父母没有正确的饮食观念，没有帮孩子养成良好的饮食习惯，经常帮孩子购买路边摊小吃或垃圾食品，从而影响孩子的正常发育。因此，建立合理的饮食结构非常重要。

1. 养成良好的进餐习惯。好习惯成就好未来，而良好的进餐习惯也是不可或缺的一部分。进餐习惯包括饭前洗手、吃饭细嚼慢咽、不挑食、不偏食、不剩饭等，而这些习惯也是令父母头疼的问题。众所周知，养成一个良好习惯需要一个长期的过程，我们可以从以下方面入手。

（1）定时进餐。不要总担心孩子吃不饱，而经常在放学接孩子时购买路边摊食品或家里准备很多的小零食，这样孩子到了正餐时间就没有什么胃口了。当然也可以在正餐之间搭配间餐，正餐与加餐之间应间隔1.5~2个小时，间餐分量宜少，避免影响正餐的进食量，避免孩子养成选择性进食的习惯。

（2）注重餐前卫生习惯。孩子天生好动，喜欢东摸摸西看看，双手很容易沾上细菌，因此进餐前养成孩子饭前洗手的好习惯非常重要。每当他们认真洗完手之后，应及时给予鼓励和表扬，相信孩子会做得越来越好。在防控新冠疫情措施中，对洗手也有要求，每次洗手约40~60秒，可以学习七步洗手法：①双手合并，掌心对掌心揉搓；②手指交错掌心对手背揉搓；③手指交错，掌心对掌心揉搓；④双手互握，互相揉搓手指背；⑤拇指在掌中转动，两手互换；⑥手指尖揉搓掌心，两手互换；⑦握住手腕揉搓，双手交换进行。口诀是：内—外—夹—弓—大—立—腕。

（3）减少代替行为。父母要改变"孩子还小，他不会"的错误观念，因为在每个年龄阶段，孩子都能做到力所能及的事情，父母可以根据孩子的特点，制定小任务和目标。如：穿衣服，先让孩子自己穿，如不太熟练，父母可适当帮助，从中锻炼孩子的自理能力；收拾玩具，父母刚开始可以和孩子一起收拾，再逐步减少干预，让孩子意识到自己的东西需要自己收拾好。父母减少包办代替，目的是锻炼孩子的能力，让孩子也承担起自己的责任。

2.营养搭配。在当下社会快节奏的生活方式中,有些家庭早餐马马虎虎,午餐"穷对付",晚餐才精心烧制,把含有大量热量和油脂的食物集中放在晚餐。然而,这样的饮食结构并不符合健康饮食的要求。

在为孩子准备餐点时我们应注意以下几点。

(1)按照早餐吃好、午餐吃饱、晚餐吃少的原则,合理分配三餐的食物。质量较好的早餐应包括谷类、蔬菜水果、蛋类、奶类(豆类)四大类食物中的三种。而为了保证优质蛋白的摄入,可选择鱼虾、瘦肉、鸡蛋、牛奶、豆腐豆浆等食物,它们不仅含有丰富的优质蛋白,还富含钙、铁、维生素A等营养物质。每天摄入新鲜蔬菜和水果,这些食物中含有丰富的维生素C和膳食纤维,可以促进消化,增加食欲。

(2)注意食物品种的多样化,尽可能使不同食物中的营养素得到互补。

(3)尽量选择营养丰富的食物,例如绿叶蔬菜或新鲜豆类的营养价值较高;粗粮比细粮更具营养价值。因此,应注意荤素合理搭配,不乱补。

(二)规律的生活作息

对于学前儿童来说,年龄越小,所需睡眠时间就越长。托班应有13~14小时,小班和中班应有12~13小时,大班应有11~12小时。首先,父母要以身作则给孩子树立一个规律的生活作息榜样,再根据孩子的实际情况,共同制定一份规律的作息时间表,帮助孩子逐渐养成规律的生活习惯。

一位老师跟我说起,她班有个孩子每次午休时间都不睡觉,就算躺在床上闭上眼睛,几分钟后就动来动去,摸这摸那,其他小朋友都睡着了,他仍然精力旺盛,偶尔情况稍好时也就睡30分钟左右。老师把情况反馈给家长,从中了解到孩子在家因为喜欢玩手机,晚上很晚才睡觉,因此导致早上起不来。孩子经常九点后才来幼儿园,结果到了午睡时间就睡不着。家长面对这种情况觉得没有什么问题,反而纵容孩子。而孩子由于这种不良的睡眠习惯,造成他注意力无法集中,身体也比较瘦弱。因此,充足的睡眠在孩子生长发育过程中至关重要。

那么,对待孩子的睡眠问题,我们可以采取以下措施。

1. 营造舒适的睡眠环境。布置一个舒适、温馨的睡房，房间内不放电视、手机等电子设备。

2. 培养良好的睡眠习惯。帮助孩子建立健康的生物钟，提倡早睡早起。

3. 创造适宜的入睡条件。睡前避免做剧烈的运动或让孩子长时间看电视、玩手机；带孩子散步或做放松的有氧运动 10~15 分钟，或让孩子做一些安静的事情，如亲子阅读、听音乐、画画等。

（三）充足的体育锻炼

生命在于运动，幼儿时期是身体发育的关键阶段，除了确保幼儿获得营养均衡外，还应多进行户外活动，加强体育锻炼。

曾看到一篇文章提到，有人询问日本家长，在严寒的冬天孩子还光着脚走路，穿着短裤出门，不冷吗？结果对方回答称：日本有句老话，叫"风的孩子"，小孩子就是在风中奔跑着长大的，不懂得什么叫冷。听上去可能会有些夸张，但是确实能看到日本孩子在体能和体质方面的显著特点。因此，经常进行户外体育活动对改善幼儿各项器官功能，增强体质具有积极的意义；同时，适当的体育运动有利于缓解自身压力，获得情绪上的稳定，还有助于培养孩子的毅力和勇气，以及敢于面对困难等品质。

在现实生活中，家长们由于忙碌的工作，对于运动价值认知不足，回到家里只想休息或玩手机，很少抽时间陪伴孩子共同运动，那么家长该如何调整呢？

1. 以身作则，养成运动习惯。每天抽点时间坚持跑步，或选择一些可以和孩子一起做的运动，比如拍皮球、踢足球、跳绳、转呼啦圈等运动，让孩子在运动中找到乐趣。同时也可以多带孩子去观看体育比赛，感受竞技场的激情，激发孩子对运动的兴趣。

2. 陪伴孩子参与运动。著名的居里夫人非常重视孩子的体育锻炼，她在自己家的庭院里竖起一个秋千，让两个孩子每天做完功课到这里锻炼，工作之余，还会与孩子一起骑自行车、游泳，两个孩子不但身心得到健康发展，而且事业都有所成就。父母可以利用周边环境资源，鼓励孩子尝试和体验，比如住在较高楼层的，可以进行数楼梯、爬台阶比赛等。

3. 杜绝过度保护。家长可以引导孩子在运动过程中注意安全，教会孩子热身、进行相关的运动保护措施。

（1）在运动前，家长应检查运动的场地、设施与孩子的着装，给孩子选择轻便、舒适的衣服，避免穿太多、太厚；不适宜穿较硬、较厚的鞋子，防止扭伤、摔伤；掌握适宜活动时间，如上午10时和下午3时是孩子户外活动最佳时间。

（2）在组织热身运动时，家长可按照头、肩、手臂、手腕、腰，下蹲、抬腿、跳跃、踏步的顺序来进行，由慢到快，由集中到分散，让幼儿充分活动身体，避免运动损伤，如大腿后部肌肉拉伸、拍击小腿和大腿肌肉、转头运动等。

（3）教会孩子具备自我保护意识和方法，例如告诉孩子在运动时避免推挤、碰撞同伴；当预料到自己将被碰撞时及时避让；跌倒时应用双手撑地保护自己，避免头部受伤；身体如有不适要立即停止运动，并及时告知家长或老师等。

因此，拥有健康的身体才能促进孩子全面发展，为其身心健康奠定良好基础。

二、培养孩子良好的心理状态

健康的身体是儿童心理健康的生理基础，而心理健康则是身体健康的必要条件。著名心理学家弗洛伊德认为：幼儿时期的经历至关重要，许多人的心理障碍和心理疾病的根源都可追溯至童年早期（特别是5岁以前）所经历的挫折。研究表明，这一时期的发展对幼儿今后很长一段时间甚至一生的发展都起着至关重要的作用。可见，幼儿期的心理健康具有极为重要的意义。父母在孩子的幼儿期要建立一个科学的教育环境，促进孩子的身心和谐发展。

（一）理解孩子需求，合理满足

孩子的某些物质需求并非不可满足，而是应根据具体情况进行决策。比如，天冷了我们需要给他买一件棉衣；学习用品用完后，就需要及时补充。这些物质需要可以让其得到及时满足。但在日常生活中，也常会听到一些父母的感慨。例如：孩子今天脾气实在太差了，吵着要买一些零食就得马上掏钱带他出去买，不然就变得哭闹不止；看到自己喜欢的玩具就必须把它带回家，不然就躺地上哭闹；喊着要去游乐园玩，大人没时间陪同就大发脾气。对于诸如此类要求，家长就要注意是不能盲目满足的。为什么如此说呢？因为如果针对孩子所提出的任何要求，家长都不假思索地给予满足，久而久之就会在孩子心里形成一个定势：我想要什么就能有什么，我想要的东西就没有得不到的。长此以往，在孩子未来的独立学习生活中，就会出现诸如缺乏自我奋斗意识、缺乏竞争耐性、任性、抗挫折能力差等各种心理健康问题。而这些心理健康问题也难免会使一个孩子因此饱受精神挫折和心理打击，严重者还可能会产生忧郁、躁狂等各种心理疾病。因此，正确满足一个孩子的心理需求是一门颇具学问的艺术。

父母应该认真地去分析一下孩子的需求，尽量满足其合理部分。在满足孩子需要的同时，也要站在孩子的视角来看待问题。要了解孩子的需要，认真倾听孩子的内心话语，而不是以成人的思维推测孩子的心理。当孩子提出需要后，父母应该跟孩子一起分析，让孩子意识到哪些需求是合理和正确的，并及时满足合理需求。而对于不合理要求，则要耐心地解释道理。千万不要认为孩子还小，或者觉得事情无关紧要就放纵他们。如果不加以正确引导，长此以往，孩子就会不断强化不良行为，塑造不良品格，最终影响其一生发展。

（二）尊重孩子的幼稚行为

那么，孩子到底怎样才能得到父母的爱和尊重呢？猜测在幼儿时期，孩子并不希望父母把他看成大人，因为他希望父母能够包容他的幼稚和缺点，甚至是他的错误。其实，对于孩子的不成熟，父母应给予真正的理解和包容，用心去倾听他的心声，和他保持平等的态度交流。孩子最初受人尊重的感觉是从父母那里得到的，尊重他人的意识也是在日常生活中经过多次的体验、教育，不断地强化而逐渐建立起来的。现在有些年轻父母因为自身受过良好的教育，因此对孩子的成长需求认识也比较到位，能在日常生活中做到尊重孩子。但也有相当一部分父母即使知道一些尊重孩子的道理，在实际生活中却做不到。在他们眼里，孩子是自己的私有财产，子女必须一切听从父母的安排。父母应认识到尊重孩子的人格，不能随意否定孩子，不要对孩子说出"你要是男孩就好了""你怎么这么没用""当初就不该生下你"这样的话，这样做会让孩子认为自己是不受期待的，对自我产生怀疑，陷入失落和沮丧，失去自信心。

孩子的心灵是敏感且脆弱的，伤害孩子的自尊心容易让孩子产生自卑、怯弱，甚至憎恨的情绪。每一个孩子都渴望被父母重视和尊重，只有得到父母尊重的孩子，才会觉得自己是被爱的，他们的自尊心和自信心才会随之变得强大。孩子是独立的个体，即使年龄小，他也有自己的想法、真切的思想和感受。如果孩子的想法很有道理，父母就应该予以称赞、鼓励，让孩子努力思考，勇于表达自己的想法；如果孩子的想法并不妥当，甚至完全错了，父母也不要急于否定或指责，而是应该循循善诱，告诉孩子他的想法哪里有问题，然后纠正孩子错误的想法。即使孩子并不能完全理解为什么错了，也会因为感觉自己受到尊重而愿意接受父母的意见。与孩子有关的事，可以听一听孩子的意见，问问他们有什么想法，这会让孩子感受到自己是家庭的一分子，感受到被尊重，从而更愿意承担责任。尊重孩子，就意味着要给孩子自由选择的权利，只要不涉及原则问题，父母就应该尊重孩子的选择，让孩子做自己想做的事。

在孩子成长的过程中，如果能够受到全面地自我尊重和适当地肯定的话，那么，孩子内在的各种积极因素将得到充分激发，从而有助于他形成健全的社会个性，也有助于他自发地健康成长。

（三）耐心倾听和了解孩子

我们都渴望有人倾听自己说话。大多数情况下，人与人之间的沟通，就是有人说话，有人倾听。然而，一些父母在听孩子说话时常常不够有耐心，甚至不愿意倾听孩子讲话，总是打断孩子，或者转移话题。父母可能认为这种做法无关紧要，但是会给孩子带来不良的影响，甚至会影响亲子关系。而孩子也觉得"我说了也没有人会听的"，因此便不愿再与父母沟通，甚至不愿与他人交流，性格也因此变得内向、忧郁。善于聆听的父母能积极影响孩子学习交流的兴趣，同时也更擅长鼓励孩子。比如明天幼儿园组织游泳活动，妈妈精心为孩子准备好了游泳衣，不料孩子却表示："我不想游泳！"这时妈妈不应该先责备孩子"幼儿园的其他小朋友都去游泳呀！"而是应该先询问孩子："你不想游泳吗？为什么呢？"先接受孩子"不想游泳"的情绪，再试图询问孩子不想游泳的原因。大多数的父母会认为"我和孩子根本没有时间进行那种对话"，可即使是大人之间的交流，也是当你关注到了对方的情绪后，对方才愿意向你吐露心声。虽然孩子年纪小，但是也有自己的想法，因此父母要认真聆听孩子说话，努力了解孩子的内心想法。孩子表示不想游泳，肯定有原因，如果不问原因直接告诉孩子"别闹了，反正你不能请假"，迫使孩子去泳池，只会让孩子对游泳产生抵触情绪。相反，如果父母聆听了孩子不想游泳的原因，就能帮孩子排解情绪，给予鼓励："啊，你是因为上次去的游泳池水太凉了，才不想游泳啊，但幼儿园游泳池的水是温水，所以不用担心！"聆听孩子的话语，父母才能感受到孩子的成长，才能了解孩子的内心世界。并且当孩子明白父母愿意倾听自己的表达时，他们的内心会异常满足、充满幸福感，忘记所有的烦恼。

那父母如何有效地与孩子沟通呢？家长要学会有效地倾听孩子说话。首先，倾听会让父母走进孩子的内心世界。孩子会跟你分享他的喜怒哀乐，这样就能第一时间了解孩子的内心动态，及时干预，让孩子保持健康的心境。其次，倾听可以让孩子变得更加开朗和乐观。孩子会更加相信自己的感受，调整情绪，去解决相应的问题。最后，有效的倾听，可以培养孩子的独立性。通过父母的耐心倾听，让孩子多思考，发表自己的想法和见解，培养孩子成为一个有主见、有想法的人。

养育之路漫漫，除了要关注孩子的学业，更应当关注孩子的身心健康。有效倾听、尊重和陪伴是了解孩子的重要方式和手段。

【悦上活动】

一、情景分析

晓晓的爸爸经常因出差而不在家，家里的大小事务由妈妈一手操办，晓晓想跟妈妈分享自己的趣事，妈妈只会不耐烦地说："晓晓，妈妈知道了，我还忙着，你自己去玩会儿吧。"爸爸出差回来后，偶尔跟晓晓互动，但大部分时间都在看手机或者在房间休息，以致于晓晓对爸爸也不是特别亲近。慢慢地晓晓变得安静、不爱与人交流，喜欢自己跟自己玩。

你是否对以上情景感到熟悉呢？父母与孩子之间存在着什么问题呢？作为晓晓的父母，应该如何处理这种情况呢？

二、亲子活动

父母可以融入孩子的世界，观察和发现孩子的兴趣，可以与孩子一起郊游、运动、阅读、手工制作、共同制定食谱等，或者与孩子一起讨论、规划，发现更多有趣的事。

遵循规律　智力启蒙

【崇和课程】

周五下午，妈妈急匆匆接上从幼儿园刚放学的婷婷准备着忙碌的晚饭和即将到来的晚间舞蹈课，时间紧迫，她得尽快安排一切！

晚饭时，婷婷慢悠悠地吃着。妈妈一瞥表，时针已指向 18:30，去舞蹈班得 15 分钟，这下班高峰时段，又容易塞车，于是忍不住催促道："婷婷，吃快点儿，不然舞蹈课就迟到啦。"

婷婷加快手上的动作没几秒，就又开始磨蹭起来。妈妈习惯性地一边迅速收拾舞蹈包，一边喊着："好了，好了，再吃两口就行了，吃太多等会跳舞又要不舒服了。行了，行了，别吃了，真来不及了。"

到了舞蹈室，妈妈给婷婷换上舞蹈服，准备送她进教室。婷婷抱怨着说："妈妈，我肚子疼，我累了，不想跳舞。"

妈妈从婷婷吃晚饭时就一直憋着火，看到婷婷现在的模样更是恼火，怒斥道："别找借口！每次都这样！从吃晚饭开始你就在拖拉，我看你就是不想跳，妈妈花了这么多钱让你学跳舞，你就这样浪费，休息一会赶紧给我进去，不准再拖拉！"

被妈妈责备后婷婷哭闹了起来，说什么也不肯进教室。舞蹈老师察觉到婷婷情绪有问题，也劝说道："干脆就让婷婷今天先回家休息吧。"

妈妈意识到婷婷并未假装，只好给她请了假，带着她回家。一回到家，妈妈不停地责备："我和你爸辛辛苦苦挣钱给你报名舞蹈班和书法班，你倒好，成天不是肚子疼，就是手疼，哪一样是你有好好在学的？周末就算加班，我也是抽空给你辅导书本上的内容，学习古诗和抄写生字。而你呢，不是要喝水，就是跑厕所，总是动来动去，现在都没开始上学前班，那以后上小学怎么跟得上呢？"

婷婷反驳："我都还没上小学，我想学陶艺，你却不让。"

"学陶艺有何益处？纯粹就是玩。妈妈给你报的这两个，不仅能出去比赛拿奖，还可以有考级证书，这才是对你将来有用的东西。"

"哼！我不要，我就不学！"婷婷带着哭腔喊道，随后生气地跑进房间，"砰"的一声关上门。

随着现代社会的发展节奏逐渐加快，人们的生活水平也在逐步提高，家长们对子女的教育和成长也投入了更多精力，期望自己的孩子可以得到更好的成长。为了确保孩子在竞争激烈的起跑线上不输给他人，一些家长不惜付出巨额费用报名各种兴趣班，使孩子提前习得某些知识或技能，以凸显其优秀表现。尽管国家去"小学化"和"双减"政策逐步实施，使得超前学习现象逐渐减少，部分家长开始转变教育观念，但仍有不少家长坚持实施超前学习，例如提前抄写文字、过早认读古文诗词和生字，以及探索各种特色课程等。

通过案例，我们发现，作为父母，普遍都非常重视启蒙教育。确实，孩子的幼年阶段是智力开发的黄金时期，父母理应给予重视。然而，为何这种重视结果却导致家长焦虑，孩子抵触的呢？这背后究竟隐藏着什么样的原因呢？

一、社会竞争的复杂性

（一）起跑线，不容落后

在现代快节奏的生活中，"望子成龙、望女成凤""别让孩子输在起跑线上""看看别人家的孩子"等教育口号越发引起家长们的焦虑。即使一开始并未过于重视，但在茶余饭后的闲谈中，受到周围家长互相攀比报名课程的影响，也很容易陷入其中。

此外，网络上一则新闻引发广泛讨论："来自杭州的一对'90后'父母放弃大城市生活，并卖掉价值500万的房产，带着三个孩子前往内蒙古农村生活。称城市生活太累了。"对于这一举动网友们有各自不同的看法，有人羡慕，有人认为不切实际，需要考虑的因素太多了。尽管我们的生活逐渐丰富，但在当今社会背景下，随之而来的一些无形压力也使人们喘不过气，加重了现代人的焦虑感。孩子的学习教育问题也是焦虑感的来源之一。家长是否有必要单纯跟风报名课程，所选内容是否适合自家孩子，作为家长如何把握好"度"以及调节自己的心态，这些问题需要我们深思。

（二）黄金期，不容忽视

幼儿期，即人生3~6岁，又称学前期，被视为智力发展的"黄金期"。许多家长为了把握孩子这一关键时期，筹划周详，选择各式各样的课程，期待幼儿在学前教育中有所收获和进步。这也被视为提升未来竞争力的途径。俗话说："出名要趁早"，在很多家长眼中，学习也是遵循同样的逻辑。牢牢把握住黄金期，趁早让孩子多学习，多积累知识，助力孩子规划未来，也是现代社会竞争激烈化的重要原因之一。

二、家长认知的片面性

（一）强调结果而忽视过程

孩子的成长需要全面发展，这也是未来竞争力的一种体现，然而从案例中可以观察到，婷婷的妈妈虽然投入了大量精力和金钱，积极帮助孩子成长，但为何婷婷却不领情，并且造成了反效果，也使妈妈陷入了无限焦虑呢？我们可以发现，婷婷的主动培养孩子的兴趣，并没有考虑孩子的意愿，也没有遵循幼儿的身心发展规律。报名兴趣班的初衷是为了获得奖项或考级，并为孩子未来打好基础。其中的功利性非常明显，却忽略了孩子自身的兴趣和喜好。周末辅导学习，也只是为了让孩子更容易上小学，而没有选择适合孩子启蒙阶段的教材或方法，从而导致最终不愉快的局面。

（二）追求数量而忽视质量

许多家长给孩子报名各种课程，一方面是为了让孩子全面发展，另一方面是受到周围环境的影响，还有一些家长希望给自己留出一些空间，因此会报多个班级，将孩子交给老师，自己成为"甩手掌柜"。无论是哪种情况下给孩子安排学习，家长都应把握适度和适量，否则只会产生反效果。

案例中婷婷的妈妈为她报名了舞蹈和练字课程，还在周末加班时抽空"帮助"婷婷学习古诗和抄写生字，这些对于幼儿期的孩子来说无疑是过量的。过度学习可能导致幼儿产生厌学心理，加上机械式的学习方式违背了幼儿的学习特点，这种超前教育和过度训练让孩子在未上小学之前就将学习视为"可怕的事情"，在潜意识中抗拒学习，不仅影响了孩子的学习态度，还可能导致幼小衔接困难。

三、孩子学习的不足性

（一）缺乏兴趣，缺乏学习动力

要想学习效果事半功倍，激发学习兴趣是最为关键的。无论是孩子，还是成年人，兴趣能够极大调动我们的积极性，增加我们投入活动的热情。

在《3-6岁儿童学习与发展指南》艺术领域中指出：我们应创造条件让幼儿多接触多种艺术形式和作品，理解和尊重幼儿的兴趣。从案例中婷婷吃饭拖拖拉拉、闹肚子疼到不肯进教室等种种现象，可以看出婷婷对于学习舞蹈的积极性并不高，相反，她更喜欢陶艺，而妈妈却以比赛和证书等方式推翻婷婷的想法，忽视她的真实需求。因此，每次在饭桌上和进教室前的"拉锯战"在所难免。如今，很多父母如婷婷妈妈一样，为了让自家孩子更加聪明伶俐，会深入研究不同兴趣班的利与弊，只为让孩子一开始就学有所得，却往往忽略了孩子的真实需求和兴趣。又怎能让孩子乐于学习呢？

（二）缺乏动力，缺乏自觉性

每个孩子的性格特点和行为爱好都有所不同，家长应该首先尊重孩子的需求，而不是盲目选择最抢手的课程，这种方式反而容易忽视幼儿的真实需求，带来不良后果。其次幼儿年龄小，对事物认知不全面，自控力较差。例如，案例中婷婷对于学习舞蹈的动力不足，可能是因为兴趣不够，也可能是因为压腿疼或者在学习的过程中感到枯燥、无聊等。家长应该深入了解孩子不主动的原因，帮助孩子发现积极美好的一面，在过程中注意引导，丰富孩子的体验感，激发他们学习的兴趣。然而，在案例中我们看到，婷婷的妈妈对于婷婷不去上课采取的措施较为粗暴，没有去深入了解孩子的内心需求，同时还加重父母对孩子的付出感，以期望婷婷改变态度，好好学习，体会父母的良苦用心。很多父母便如案例中的妈妈一样，一味地责怪孩子不上进、不努力、不认真，并没有深入了解孩子、引导孩子，这样的方式只会让孩子对新事物的兴趣和热情逐渐消退。

孩子的成长过程是多元化、全面化发展的，那么有哪些方法可以帮助我们更有针对性地引导孩子成长呢？身为父母，如何才能在遵循孩子身心成长规律的基础上，对孩子进行智力启蒙，并更有效地参与、陪伴孩子的童年成长呢？我们可以从以下几方面入手。

【睿智方法】

一、健康成长才是主旋律

教育孩子，犹如牵着蜗牛散步，需谨慎从容，切勿急躁，更不可拔苗助长。每位父母皆怀揣着培养孩子成才的期盼，当下社会对教育的重视日益增强，导致许多家长拥有"不让孩子输在起跑线上"的观念，因此出现超前学习的热潮，急于求成，不顾孩子的成长规律，一味地给孩子施加压力，反而没有起到预期的教育效果。那么父母作为孩子的第一任老师，如何帮助孩子健康茁壮成长呢？通过上述案例，我们可以探寻到一些方法。

（一）了解孩子的发展规律，助力孩子成长

1.思维影响行为。幼儿的成长具有特定的阶段性和顺序性，不能逾越，也不会逆向发展，必须按照由低级到高级、由简单到复杂的顺序进行。幼儿的思维发展阶段是基于具体形象思维（即思维依托动作），需要通过操纵、摆弄实物进行思考学习，这属于无意识思维。然而，许多家长在辅导孩子学习古诗和认写生字时，大多数时候都是机械性地教读，让孩子强行记忆，对幼儿来说这相当抽象，难以理解，因而学习效果大打折扣。而在提前教导孩子写字的过程中，有些家长会发现孩子经常写反字，只会责备孩子，却不明白这是由于孩子大脑尚未发育完善，对于复杂的文字经常会出现"上下左右"的混淆，但幼儿自身会认为这就是正确的，没有问题，自然就难发现写出的汉字是倒笔顺，或者左右颠倒等错误结构。可盲目教导的父母却完全没有意识到幼儿的学习应循序渐进，须遵循幼儿的发展规律。

2.方式影响结果。《3-6岁儿童学习与发展指南》指出：儿童的发展是一个整体，要注重各领域与目标之间的相互渗透和整合，不应片面追求某一方面或几方面的发展。幼儿的学习取决于直接经验，通过游戏和日常活动展开，并在实际感知、操作和亲身体验中获取经验。

案例中，虽然婷婷的妈妈在加班时间"帮助"她学习古诗和抄写生字，但机械性死记硬背的学习方式违背了幼儿的学习特点，过度学习甚至可能导致幼儿产生厌学心理，对学习产生抗拒情绪，完全忽视了早期学习并不仅仅是单纯追求知识技能的学习成果，应该更加注重培养孩子积极主动、认真专注、不怕困难等优秀学习品质，应充分尊重和保护幼儿的好奇心和学习兴趣，为未来更为广阔的学习之路积蓄力量，积攒热情。

（二）与教师双向合作，关注孩子成长

同等重要的是家庭和学校之间的双向合作。幼儿园的教育教学课程都

应具备科学性和规范性，如果家长不能认同老师采用的教育方式，无法通过和老师们协调配合来实现良好的教育效果，只把一味地追求孩子的成功作为唯一标准，对孩子期望过高，或者忽视孩子的身心发展特点，必然会产生反效果。首先，家长要主动地配合老师实施教育计划，在孩子的日常生活习惯和学习小任务上与学校保持同步，并与孩子一起制定明确的生活规则，培养良好的习惯。其次，家长要积极和老师沟通，及时了解孩子在学校的具体教育目标，也把孩子在家的表现跟老师反映，相互沟通并共同配合。最后，要积极参与幼儿园的各种活动，加强亲子关系，了解孩子在幼儿园中的表现，促进孩子更健康、茁壮地成长。

（三）关注孩子内在需求，耐心陪伴成长

首先，父母在与孩子相处时应建立平等的关系，了解孩子真实的想法，体会孩子内心的诉求，如此才能有针对性地实施教育并取得良好的效果。正如案例中婷婷的妈妈没有关注到孩子真正的内心需求，给孩子造成了巨大的心理压力。为此父母应该多鼓励孩子，让孩子有勇气去面对挫折。父母可以多运用"宝贝你的方法是对的，相信你一定能够完成得很好！""宝贝你真棒！""妈妈觉得你肯定能行！"之类的话语去激励孩子。其次，要关心孩子，随着现在生活节奏的加快，当下许多父母由于自身工作繁忙而忽视了对孩子的陪伴和教育，这也导致孩子心生芥蒂。父母在日常工作时要抽出时间多多陪伴孩子，用陪伴的行动告诉孩子"爸爸妈妈爱你"。最后，要深入了解孩子的兴趣爱好并积极鼓励孩子，做孩子想做，不再一味地跟别人家的孩子攀比，对于自己孩子身上的优点要予以肯定和赞扬，让他们在自己喜欢的事物上发光发热。

二、智力发展的每一扇门

智力是人类特有的心理活动之一，是人类学习和智慧的表现，主要包括想象力、观察力、创造力等方面，也就是我们通常所说的聪明程度。然而，

智力不是简单地将这些基本部分相加，而是通过有机综合形成整体。就像一辆汽车的性能取决于整车结构一样，不能只看某个部位的性能怎么样，如果每个部位的性能都良好，但每个部位之间的搭配有问题的话，那么这辆汽车的性能仍然有问题。因此，在智力的培养上，不能简单地认为只要抓住某一个部分加以培养就可以了，而应全面地进行培养。最直接的方式是，父母可以深入了解孩子哪方面是比较弱的，哪方面是比较强的，不足方面注重培养，优势方面继续保持。从孩子的兴趣着手，有针对性地对其指导，才有可能达到父母的期望。例如，如果孩子的常识不足，父母可以培养他们的语言感知、理解和表达能力，增强他们获取事物知识的能力。如果孩子的记忆能力比较弱，可以从培养记忆和反应力入手，提升他们的空间记忆能力等。

《3-6岁儿童学习与发展指南》包括五大领域，即健康、语言、社会、科学、艺术，从五大领域描述幼儿的学习与发展。

在健康领域中，促进幼儿身心健康发展是首要任务。父母应培养孩子有规律的生活习惯、良好的卫生习惯、健康的饮食习惯和运动习惯等，因为良好的身体状况将有助于智力发展水平的提高。

在语言领域中，早期阅读和读写是关键。父母应帮助孩子养成良好的阅读习惯，不断丰富他们的语言表达能力。在阅读图书后还可以鼓励孩子进行绘画和写作，激发他们的想象力。

在社会领域，父母应让孩子接触不同的人际环境，使他们学会适应各种场合，了解各种场合的规则。此外，要为孩子提供表现自己长处和获得成功的机会，增强其自尊心和自信心，提供自由活动的机会，支持孩子自主地选择、计划活动，鼓励他们通过多方面的努力解决问题，不轻易放弃克服困难的尝试。

在科学领域中，父母应给孩子提供学习和探索的机会，经常带他们接触大自然，让他们热爱生活，感受生活的美好。通过与自然亲近，孩子们能够满足好奇心，学习解决问题的能力，这对智力发展具有重要的影响。

在艺术领域，父母应该创造条件，让孩子发现生活中的美好，并积极培养他们的兴趣爱好。家长不仅仅应给孩子报名兴趣班，还应该抽空陪孩子一起去剧院、音乐厅等欣赏不同类型的艺术作品，提升他们的鉴赏能力。

三、开启智力启蒙的钥匙

（一）培养幼儿的想象力

孩子对周围的事物充满好奇心，拥有丰富的想象力。为了正确引导孩子的发展，父母应该通过讲故事、唱儿歌等方式激发孩子的想象力。父母经常会听到孩子说出一些匪夷所思的事情，这其实是孩子想象力丰富的直观体现，丰富的想象力对于促进孩子和社会的发展至关重要。那么应如何培养孩子的想象力呢？

1.丰富孩子的生活经验，发展孩子的表象能力。孩子的想象力来源于他们的日常生活经验。当别人提到"草莓"时，我们的脑海里不禁就会浮现出草莓的形象，这就是表象能力。孩子也是如此，正是有了生活经验，才能逐步丰富想象力。父母需要积极帮助孩子在头脑中建立更多的表象，从而丰富其想象空间。可以抽空多陪伴孩子去感受大自然，探寻生活中的各种事物，让孩子积累更多的生活经验。

2.提供适宜的环境，激发孩子的想象力。父母在家中应注重开阔孩子的视野，帮助他们丰富想象力。可以进行亲子阅读，培养孩子的阅读能力和习惯。同时，在感受绘本所描绘的故事情景时，可以和孩子一同感受情节的变化，并鼓励孩子发挥自身的想象力来预想结局，这是提升其想象力的重要方式。除此以外，父母还可以陪伴孩子一起做游戏，在游戏中提升孩子的想象力，例如：女孩子爱玩的"扮家家"，男孩子喜爱的搭积木游戏等。父母在和孩子共同玩耍的同时还能了解孩子的想法，实现更全面的发展。

3.创造轻松的氛围，鼓励孩子表达想法。孩子表达内心想法也是丰富想象力的重要途径。通过表述内心想法，不仅梳理了自身的生活经验，同时还能够组织恰当的语言表达。在孩子表达的时候，父母要引导孩子思考，鼓励孩子大胆地说，而不是简单地评论一句"瞎说"，这样会打消孩子自主表达的积极性。父母应当仔细询问孩子事情的前因后果，帮助孩子分析哪些是现实存在的，哪些是自身想象出来的。当孩子内心存在疑虑问题时要积极鼓励他们思考："你想想事情为什么会这么发展呢？""你想的是怎么样的呢？"

4. 鼓励孩子勇敢想象，引导他们合理幻想。幻想是一种合理的想象方式。孩子的幻想从远离现实逐步向贴近现实的幻想发展。例如，孩子喜欢冬奥会的吉祥物，就会想象怎样才能见到吉祥物。这样的幻想是合理且真实的表达孩子内心想法的方式。而在此过程中，父母可以引导孩子开拓思维，探究在未来若干年后交通可能的变化。幻想是实现创新与发展的前提，也是推动社会发展的重要力量。

在知识有限的世界中，想象力是无限的，正是因为有了想象力，社会才能实现长远发展。关注孩子的发展需要重视对其想象力的培养。

（二）培养幼儿的观察力

研究表明幼儿期是孩子智力发展的黄金阶段。在这一阶段加强对孩子的培养，提升孩子的观察力，为他们未来更全面地实现发展奠定良好基础。那么作为父母，应当如何培养幼儿的观察力呢？

1. 培养孩子的观察兴趣

（1）陪伴孩子深入大自然，感受大自然中的美好。大自然是孩子最好的课堂，幼儿时期孩子对大自然中的一切事物充满了新奇与探究的欲望。父母要经常陪伴孩子到大自然中观察各种自然景象的变化，这对培养孩子的观察能力有重要的促进作用。

（2）陪孩子种植植物。父母可以让孩子去选择种植一种他喜欢的植物，然后和孩子一起观察记录植物生长的过程，让孩子体验观察的乐趣。例如：酸酸甜甜的草莓是怎样种出来的呢？可以让孩子观察并记录草莓从种植到成熟的整个过程。

（3）树立榜样。父母要成为一个善于观察的榜样，并引导孩子一起观察。在潜移默化中，通过自身行为影响孩子。

2. 培养孩子观察力的方法

（1）游戏学习法。使用孩子喜爱的拼图、积木、图书等工具来提升其观察能力，例如：可以将颜色、形状都不同的积木放在一起让孩子进行分类；给孩子两张相似的图片，让孩子仔细观察找出不同之处。这样不仅训练了孩子的观察力，同时也培养了他们归纳和分析能力。

（2）家务事学习法。对于孩子而言，做家务是培养其观察力的重要途径之一，通过参与家务活动，孩子能够变得懂事，同时感受到父母的辛苦，提高独立性。例如，让孩子把洗干净的衣服整理并分类，哪些是妈妈的，哪些是爸爸的，哪些属于自己的。通过参与分类游戏可以提升孩子的辨别能力。

（3）描述学习法。鼓励孩子大胆描述所观察到的事物，利用多种形式表达观察的结果。例如，蚂蚁搬家，让孩子口述蚂蚁搬家的过程。这样不仅可以发展孩子的语言表达能力，也能培养良好的观察习惯。

综上所述，观察力并非与生俱来，而是在学习中培养，在实践中积累，因此，我们应该注重培养孩子的观察力。

（三）培养幼儿的创造力

幼儿时期是培养创造能力的关键时期，如果孩子的创新思维能力被压抑，就可能会使其成为一个刻板、墨守成规的人；反之，如果孩子被激发出创造力的火花，也许在未来的道路上能够形成迅猛的创新势头。因此，父母需要高度重视孩子创造力的培养，支持和鼓励孩子大胆探索和创新。那么，父母应如何培养孩子的创造力呢？

1. 营造自由、和谐、民主的家庭氛围

和谐的家庭环境是培养孩子创造力的重要基础和条件，孩子的行为是受成人控制还是自主支配，直接影响其创造才能的发挥。德国学者戈特弗里德·海纳特指出，促发创新力最重要的因素是父母，家庭中轻松、无拘无束、活泼的气氛有助于创新活动的发展。因此，父母应给予孩子尽可能多的自由，不宜过分限制孩子的活动。幼儿的智力主要在活动中发展起来，活动能力是孩子智力水平高低的标志，限制孩子的活动就意味着限制了他的智力发展。孩天性活泼好动，只要他能碰到的东西都可能成为玩具。例如，把地上拾到的小木棍插在沙土里，自称在"种树"；把漏勺放在水桶里搅，说是"捞鱼"。许多家长认为这是"胡闹"，家长只要求孩子干净、整齐、听话和守规矩，结果却使孩子变得怯懦，不敢说、不敢笑、不敢跑、不敢跳。这种过分限制孩子活动的教育方法是极为有害的。父母应该多带孩子去户外活动，让孩子在沙滩上、公园里、大海边自由地玩耍，玩沙土、爬小山坡、奔跑跳跃等。只有在民主、和谐、自由的活动环境中，孩子的创造潜力才能得到较好的发展。因此，父母应尊重孩子，信任孩子的能力，允许孩子自主尝试和决策。尊重独创性，鼓励多样性，使孩子拥有创造的勇气和信心。

2. 保护孩子的好奇心，激发求知欲

（1）有创造力的孩子对事物喜欢追根究底，好奇心较强，喜欢接触陌生、新奇的事物，并提出问题。而父母如果能够积极启发，孩子就能在潜移默化中提升创造力。

（2）有创造力的孩子好动，即便在一些闲暇时间也乐于参与富有创造性的活动，有时还可以积极完成新颖的作品。

（3）有创造力的孩子拥有丰富的想象力。他们的脑海中存在着一个丰富多样的世界，能为没有生命的物体赋予生命和情感。例如，在他的心中幻想帽子可以转成飞碟，在转动时能带着孩子飞入太空。尽管这些想法似乎匪夷所思，但真实体现了孩子们对于天空的渴望。

（4）有创造力的孩子在绘画方面表现突出。虽然绘画水平可能不够出色，但他们能够通过绘画表达内心的想法。例如，小汽车被画上翅膀，鸡蛋飞向天空变成太阳，小白兔变为红色等，这些真实地体现了孩子们内心丰富的想象。

3. 在游戏中培养孩子的创造力

（1）进行"一物多玩"的游戏。例如，皮球可以用不同的方法玩，"你抛我接""夹球跳""头顶传球"等。

（2）给孩子一个自主探索的创意空间。平时为他们准备一些能随意获取的物品，设计一个属于他们自己的空间或区域，有图书、积木、乐高盒子、橡皮泥、纸和笔等，甚至可以利用要扔掉的大纸箱，让孩子发挥创意。

（3）了解孩子的兴趣爱好，扩展他们的知识。例如，如果孩子对钢铁侠或者变形金刚非常感兴趣，可以购买相关的书籍供他们阅读，或许某一天这些孩子就能激发对创意写作或机器人技术的兴趣。

（4）拓宽孩子的视野。提供各种机会让孩子接触丰富多彩的世界，让他们接触不同的人和事，多一些不同的体验，例如，去旅行、去博物馆参观、参加公益活动、球赛等活动，这些都能为孩子的创造力提供支持。

从某种角度看，学龄前的孩子个个都是幻想家、创造家，只是有的能力更强些。因此，对孩子进行创造力培养、激发创造志向是极其重要且可行的。

有人说："幸福的人用童年治愈一生，不幸的人用一生去治愈童年。"爱孩子，遵循他们的成长规律，科学推动其智力启蒙，让他们在适宜的年龄做适宜的事情，默默陪伴，静待花开！

【悦上活动】

一、情景分析题

幼儿园大班的小凯是一位酷爱运动的男孩，平时爱好跑步、放风筝等户外运动。由于即将升入小学，他的妈妈希望他更加努力，因此安排了周六全天的补习班和周日上午的数学日常练习。小凯虽然不太开心，但是想着妈妈说的周日下午也能出门，便全力以赴地完成作业的安排，期待早点外出活动。然而当数学练习完成后妈妈又要求他学习大堆的课外书，户外活动计划又推迟了，小凯感到非常不乐意，垂头丧气。

你是否在生活中遇到过类似的情况？你认为妈妈和小凯的做法如何？

面对这样的情况你会如何更好地处理?

二、亲子活动

父母口述一则故事,让孩子根据自己的想象进行绘画创作,并鼓励孩子继续故事情节的发展。

感受情绪　积极调适

【崇和课程】

辰辰，今年4岁，正在上中班，然而他有个严重的问题，就是经常发脾气，导致幼儿园里没有人愿意跟他玩。辰辰的妈妈为此很苦恼。有一天放学后，妈妈接回辰辰回到家，辰辰立刻开始在客厅里玩玩具，于是妈妈就进入厨房做晚餐。不一会儿，从客厅传来"嘿哈，打，biu，biu"的声音。听到外面的动静，妈妈走出厨房，看到地上满是玩具，辰辰在沙发上跳来跳去，顿时火冒三丈，于是大声吼道："辰辰你为什么把玩具到处乱丢？赶快整理好。"辰辰大声地说："我不要收拾，我就要这样玩。"妈妈更加愤怒了，说："你如果不好好玩就别玩了。"说着便把辰辰从沙发上拉下来，辰辰顿时趴在地上大哭起来，一边哭一边用力扔玩具，嘴里还说着："我就是不要收拾，就是不收拾……"妈妈见辰辰反应如此激烈，更加恼火，抬起手打了辰辰的屁股，边打边吼："你怎么这么不听话，这些玩具不是妈妈辛辛苦苦挣钱买的吗？怎么不知道爱惜呢？妈妈每天很忙，你就不能听话一点吗？"辰辰非但没听进去，反而哭闹得更厉害了，他抓起身边的玩具朝妈妈砸去，还边哭边说："你打我，还不让我玩玩具，你是坏妈妈，我再也不想理你了……"这种场景对于父母来说并不陌生，我们不禁陷入思考，是什么造成了辰辰现在的行为呢？

一、孩子的不良情绪是父母投射的结果

在家庭教养环境中，父母情绪不稳定，孩子受到情绪传染会容易缺乏安全感、自卑、有暴力倾向。这会影响孩子的性格发展和人际关系，孩子还容易出现心理健康问题。案例中，读中班的辰辰就因为总爱发脾气，在幼儿园里人际关系差。妈妈为此很苦恼，可在家里，当辰辰将玩具丢满地，以及在沙发上跳来跳去时，妈妈顿时就会火冒三丈，大声吼叫，而辰辰的回应也是大声吼叫。很显然，辰辰的不良情绪很有可能就是源自于妈妈的情绪不稳定，只是妈妈尚未意识到自己的不良情绪对孩子的影响。我们常说孩子是父母的复制品，多是指在日常行为习惯上，父母对孩子潜移默化的影响。身为父母总是"一点就着"，乱发脾气，又或者有的父母缺乏原则，一味宠溺，无限满足孩子不良情绪时的各种要求，而没有真正关注不良情绪背后的形成原因，以及给出科学的对策。这些都会对孩子的成长产生不利影响，从而影响孩子的心理健康成长。

（一）父母对情绪缺乏正确的认识

我们几乎每天都与情绪打交道，它似乎很熟悉，但如果问你："什么是情绪？"大多数人可能无法给出确切答案。因为我们只知道，取得好成绩的时候会开心，与爱人分别的时候会难过，面临生活困境的时候会焦虑，遇到挑衅的时候会愤怒。然而，这些只是情绪的不同表现，如果我们不能很好地理解情绪，也就难以解决情绪带来的问题。情绪是如何产生的？我们应该如何正确理解情绪呢？

1.情绪是人对客观事物态度的体验，是人脑对客观事物与主体需求之间的反应。例如，当上级莫名其妙责备我们时，我们可能会感到委屈和愤怒；而长时间无法与孩子见面时，我们会感到沮丧和失落。这就是情绪，七种基本情绪中，包括喜、怒、忧、思、悲、恐、惊。

2.情绪产生源于人的愿望和需求，是一种心理活动，实际上是大脑的思维活动。更进一步，我们的情绪起源于大脑。也可以说，负面情绪的产

生源于对事物不合理的认知。举个例子，当被他人指责时，我们可能感到恐惧、愤怒、羞愧、有自责、自怜和懊悔。然而，有些人会认为这种指责是为了自身的成长和进步，并将其转化为感动、亲切和开心的情绪，从而形成积极的情绪。积极的情绪会使人变得活泼、开朗和积极，不仅自己开心，还能带给他人快乐。而消极的情绪会使人烦躁和沮丧，不仅自己不开心，面对他人也无法传递愉悦。例如，在上学路上，父母与孩子交谈的话题是愉快的，分享开心的事情，或者是约定放学后的活动，这样孩子一天的情绪都会是积极的，因为他们有期待。然而，需要注意的是，不能为了让孩子开心而承诺自己无法兑现的事情，如果期待的事情未能实现，将打破孩子对父母的信任和期待。此外，父母的强调也会给孩子带来压力，比如在上学路上，父母反复强调"你要好好学习""要听老师的话""在幼儿园不可以调皮"等，无形中会给孩子造成压力，导致孩子一天闷闷不乐，一直想着父母嘱咐的他们的话。还有一种情况是父母的抱怨，在孩子面前抱怨生活或工作压力，这种家庭氛围会给孩子带来怎样的影响呢？

3. 情绪 ABC 理论。A 指的是外界的诱发性事件（activating events），即发生在外部的客观事件；B 指的是信念（belief），即个人对外界事件的解读和评价，这一解读是建立在个体数十年成长经历之上的，通常是内隐的、不易为个体所察觉的；C 指的是结果（consequence），即个体产生的情绪或心理反应，如焦虑、抑郁等。一般观点认为是 A 引起了 C，但理性情绪疗法（RET）的创始者认为我们所产生的不良情绪 C 并非完全是由 A 引起，A 只是一个间接诱因，我们对外界事件的解读——信念 B 才是直接原因。也就是说，同一事件被不同个体去解读可能会引发不同的行为和情绪反应，个体产生不同情绪和反应是由直接原因 B 所致。在案例中，辰辰的情绪源自妈妈的大声呵斥（A），而 C 则表现为辰辰觉得得不到妈妈的理解，感到委屈和生气。那么 B 又是什么呢？B 表现为辰辰希望得到妈妈的关注和陪伴。当我们学会审视不合理的信念时，有助于我们跳脱负面情绪，将注意力集中于问题的解决上。沉湎于消极情绪对我们毫无帮助，唯有以更科学、更理性的方式思考我们的处境才能更好地应对问题。这样，我们可以更加明确地感知到我们拥有生活的掌控权，我们能够决定事情的走向，而不被负面事件所困扰。

（二）父母不接纳孩子的情绪

家庭的氛围直接影响着孩子的情绪，因为家庭是孩子出生以来一直生活的地方，孩子对家庭的依赖十分重要。当孩子表现出无理取闹、大哭大闹等行为时，这常常是父母遇到问题。一旦孩子陷入负面情绪，父母往往会受其情绪影响，感到麻烦或烦躁，未能重视孩子情绪的源头，只是想让孩子迅速安静下来，因此可能不加考量地满足孩子的各种要求。父母对孩子负面情绪的无视将无益于孩子探索世界。接纳孩子的负面情绪，思考一下孩子产生负面情绪的原因，有时孩子就像一面镜子，反射了父母的缺点，只需改正自身问题，孩子的负面情绪或许便会消失。

（三）父母的情绪传递给孩子

父母自身的言行举止直接映射于孩子，他们的情绪对于孩子来说意义非凡。实际上，无论孩子表现出何种情绪，父母都脱不开关系。当父母对孩子展现善良和耐心时，孩子将视其为朋友；然而如果展示暴力或焦躁，则反之。父母的情绪不稳定，会导致孩子出现叛逆的倾向。同时孩子也会模仿父母不好的行为，受其影响而学坏。在面对自己的孩子的时，父母应保持情绪稳定，不要急躁不安，禁止施加暴力，因为孩子的成长取决于父母目前所树立的形象。

二、孩子的需求没有得到满足是情绪的导火线

父母普遍将工作放在首要位置，认为只要给孩子提供良好的物质条件，就是对孩子的爱。但孩子所需并非仅限于物质。在案例中，辰辰的真正需求是什么，父母是否曾真正关注过？或许她只是渴望父母的关注和陪伴，但是因为孩子缺乏经验，表达能力弱，只能以"发脾气"的方式来引起父母的关注，希望得到父母的陪伴和关怀。然而，父母却误解为孩子是无理

取闹，导致孩子的需求得不到满足，情绪无法正确抒发和排解。

  1. 经验不足。孩子在情绪方面缺乏经验，他们的情绪是对他人情绪的模仿。3岁后，孩子通常能够清晰地认识到自己和世界、他人、父母是各自独立的，从而开始表达自己的情绪。其实孩子的情绪很多时候是由于自身的问题，比如不舒服或者一些需求没有及时得到满足又不会表达时，孩子就会乱发脾气，这是孩子在用有限的经验来表达自己的不满情绪。孩子的很多行为实际上都是合理的，即使是大哭大闹或是摔东西，父母往往认为是孩子不懂事，实际上孩子只是在通过这些方式向父母传递信息，希望得到他们的关注。而父母却常常忽视孩子的想法和感受，导致孩子产生情绪反应。在这种情况下，父母还会认为是孩子的错，视其为无理取闹，忽略了孩子所传递的信息。久而久之，孩子会自认为自己不值得被爱，易出现情绪问题，如缺乏安全感，会形成自卑、内向、压抑或暴力等不良性格问题。因此，父母需要花时间倾听孩子，引导孩子表达自己的想法，去理解孩子的情感需求，知道孩子需要什么，让孩子感受到自己的需求被关注到、想法被尊重。他们也会因此改善表达方式，变得自信，承认自己的价值，认为自己值得被善待，这才是父母给孩子最好的爱。

  2. 不会表达。孩子在情绪发生的时候，不懂得如何表达自己，对自身的需求是否合理缺乏确定性。在与父母交流时，父母觉得必须要以他们的意愿为主导，长此以往，肯定会导致孩子的情绪被压抑，不想甚至不愿意表达自己，这时候需要父母的引导跟介入。首先，父母要帮助孩子找到适当的言语来说明此刻的感受。帮助孩子建立关于表达情绪的词汇库，孩子才能精确地说明自己的感受，这对孩子的情商发展有很大的作用。当他生气时，他可能同时会感到沮丧、愤怒、委屈、嫉妒，或者被人背叛。当他伤心时，他可能还会有无助、空虚、郁闷，或者被无视的感觉。孩子会有情感需求，也会有物质需求，但是无论哪一种需求，都是孩子迫切希望被满足的。因此，父母要做到正视孩子的情绪，关注孩子的内在需求，判断孩子的需求是否合理并适当地满足孩子的合理需求。孩子的世界很单纯，他们会将情绪与父母对自己的看法联系起来，父母应在自身承受范围内探寻孩子真实的需求并且满足他们，若无法完全满足，也应与孩子进行开放沟通，在一片充满爱的氛围中成长将有助于孩子建立安全感。

【睿智方法】

孩子在两岁时开始觉醒自我意识。从2岁时的拧巴，到情绪不稳定、变得爱发脾气的3~6岁，这段漫长的时期需要我们用更科学的方法和更多的耐心对待。3~6岁的孩子语言表达能力逐渐提高，他们不再会倒地大哭，但仍然会偶尔发脾气和哭闹，甚至使用生活中听到的一些话来反驳或争吵。因为孩子还没有办法很好地调节自己的情绪，所以需要父母的帮助来进行情绪管理。

当孩子发脾气时，我们可能会觉得孩子有时候不可理喻，而在忙碌了一天的工作后很难容忍孩子的这种"取闹"行为，其实我们都明白孩子的这种"情绪"是有原因的，只是在面对孩子的情绪时感到手足无措，严重时甚至会愤怒。那么父母应该如何管理自己的情绪，并学会控制情绪呢？从文中案例中我们寻求以下方法。

一、认识情绪——感受它

新生儿在出生时就会展现出一些情绪反应，比如笑和哭。类似于孩子天生就需要吃奶一样，孩子的哭和笑是在无须外界教导的情况下产生的。最初的哭笑只是情绪的一般表达形式。随着宝宝的成长和成熟，快乐、兴趣、惊喜、厌恶、痛苦、愤怒、恐惧、悲伤等情绪逐渐出现，宝宝能够体验的情绪类型也越来越丰富，越来越社会化。每个孩子的成长速度都极快，他们的自我意识和独立意识也日益加强，因此他们的情绪表现方式也会产生显著变化，我们需要了解孩子常见的情绪，深刻解读孩子情绪背后的原因，才能有效帮助孩子理清情绪。

1.害怕。害怕是早期生命中的是一种感知性情绪反应，特别是在2~4岁的儿童期表现得最为明显，但不同的年龄阶段怕的内容却不一样，一两岁时更多的是怕陌生人；两岁半左右，主要怕大的声音，小动物，去医院看病；再大一点会怕黑暗等。害怕并不是一件坏事，一个完全不怕任何东西的孩子，往往会在面临危险时的无法谨慎躲避。

2. 愤怒。愤怒通常是指当愿望不能被实现或为某种行为受到限制时所引起的一种不愉快情绪。从心理学角度看，孩子发脾气实际上是对感到无助或无力的情境做出的反应，是对周围人发出的一种变相求助信号，只能通过最熟悉的发脾气的方式来引起注意。愤怒是一种非常消极的情绪，如果孩子长期有这样的情绪，不仅会损害身体健康，还会损害人际关系和未来的事业发展。

3. 嫉妒。每个人或多或少都有嫉妒的心理，适量的嫉妒心有利于孩子进步，但是过量的嫉妒会给自己或者别人带来不良影响。通常嫉妒情绪较重的孩子会比较短视，只能看到他人的优点，而看不到自己的优点。家长在日常生活中要引导孩子控制自己的嫉妒心理，正视自己的缺点，接纳别人比自己好的一面，同时不断地发现自身的优点和长处。

案例中，辰辰与妈妈交流时敏锐地觉察到妈妈语气的强硬甚至带有愤怒的色彩，那么为何辰辰会做出带有情绪的反应呢？实际上，辰辰妈妈在和他说话的时候语气是非常暴躁的，辰辰本身沉醉在自己的玩具世界中很快乐，突然妈妈大声对他说话，辰辰也就不甘示弱地用同样的语气回答妈妈。从这一现象来看父母的情绪是会传递给孩子的，我们说孩子的行为模式和习惯很多都来源于对家庭成员的模仿，家庭成员一般默认为爸爸妈妈。俗话说"身教重于言传"，父母的一言一行都会成为孩子行为处世的模仿对象。父母给孩子树立一个良好的榜样非常重要。

二、情绪产生——表达它

当孩子出现情绪反应时，我们应引导其有效表达情感，即让其表达内心感受。在指导情绪表达时，可以从两个层面入手。首先使用语言策略替代肢体行为策略，例如，告诉孩子"请你用语言描述，不要用哭闹来表达，只有说出来，爸爸或妈妈才知道怎么帮助你"。除此之外，还要教孩子说什么，怎么说。在日常生活中，父母应示范先描述情绪再表达感受的行为。举例来说，"你收到生日礼物，你现在应该感到开心对吧？"或者"哥哥弄倒了你的积木，你一定感到生气了，对不对？"孩子就知道他现在的感受叫"高兴"或者"生气"，理由是收到了礼物或是被哥哥弄倒积木。父母一次次地帮孩子说出感受，就是在给孩子做示范，当孩子真的会表达自己的感受时，父母应及时回应，孩子下次就愿意再尝试用语言表达而不是用哭闹的方式。其次是教导孩子如何恰当地表达自己的情绪。除了教导孩子坦诚地表达个人的感受之外，还要教导孩子在不同的情境下，应因事因人适当地表达感受，并且避免伤害他人。例如，某些孩子可能会说："妈妈，你瞧，刚上车的那个阿姨好胖呀，丑死了！"这个例子表达了孩子内在的感受，但却是不恰当的。

三、情绪转移——调节

当孩子处于某种情绪状态时，我们首要任务是保持警觉，审视自身是否已被情绪所左右。若发觉自己开始感到焦虑了，应先处理个人情绪再引导孩子；若确定当下并未受情绪影响，则以爱心面对孩子，与其建立联结，只是陪伴，不需要急于达成目的想让孩子快速"康复"。因为期待和目的会使我们偏离，过度关注结果，而非活在当下。

那么如果成人自身受到情绪困扰应当如何应对呢？如果我们发现孩子的情绪已经影响到我们自身的情绪，就应迅速觉察并避免被情绪左右。告诉自己带着情绪的时候无法给孩子提供有效的建议，对自己的情绪说"停！"。然后通过缓慢地深呼吸让自己慢慢平静下来，回归自己的中心，放松身心，加深自我觉知，让气息沉静下来，感受根在大地之中。重新与自我和孩子联结，逐渐脱离问题思维，用更为宽广的视角审视孩子与事件。

也许只需要几秒钟的停顿，就可以把自己从固有的互动模式中解脱出来。当你可以把自己已经带出来的情绪又归于平静时，这时候你也就更有底气地给孩子做了一个好榜样。因为情绪处理不是靠讲理论学习的，一定是靠自己去体验、经历后慢慢打开通往内在平静之门，方可掌握情绪管理的技能。

【悦上活动】

一、情境分析题

小南是一位幼儿园中班的学生，她的脾气十分倔强，如果不能让她如愿以偿，她就会爆发情绪，一发不可收拾。某一个周末，她在跟父母出去吃自助餐的时候想要吃冰激凌，但是父母想到昨天已经吃过冰激凌了，并且引起身体不适，今天坚决不能再吃了。如果你是小南的家长，您会怎样跟她进行沟通呢？您能让小南在得到她不能吃冰激凌的信息后控制自己的情绪吗？你有什么好办法吗？

二、亲子活动

秘密基地：在家里的一个小角落设置一个帐篷，让孩子遇到开心或不开心的事情，可以到帐篷内找自己喜欢的动漫人物进行分享，这时，家长可以扮演孩子喜欢的动漫人物，认真细心地倾听，及时了解孩子内心。通过这样的方式促进与孩子之间的有效沟通。

快乐交往　与人为善

【崇和课程】

兜兜是一个白白胖胖，长相十分可爱又能说会道的小男孩。可爱的兜兜是家里的小王子，平时由爷爷奶奶照顾得较多。爷爷奶奶非常疼爱他，可以说他生活无忧无虑，衣来伸手，饭来张口。只要兜兜想要，即便是天上的星星也都愿意摘下来给他！一旦事情不符合他的意愿，他就会立马发脾气，甚至动手打人。

父母平时工作特别忙，今天难得有休息的时间，妈妈带兜兜来到楼下的游乐场玩耍。恰好碰上了欢欢和雄雄在一起玩积木。他们年龄相仿，于是妈妈们聚在一起聊天，兜兜便跑去找欢欢和雄雄了。兜兜一到，便盯上了雄雄刚拼好的一个小房子。"给我玩一下"，兜兜说着抢过雄雄手里的积木，雄雄当即哭了起来。欢欢见状连忙安慰："雄雄，你怎么了？"而雄雄只顾着抽泣、抹眼泪，不敢出声，只是望着兜兜手中的小房子。

欢欢立刻明白了情况，说着就要拉雄雄去讲道理："兜兜你是不是欺负雄雄了？那明明是雄雄拼的房子，你怎么能抢呢？"

兜兜随口答道："借我玩一下不行吗？真小气！"

欢欢接着理论道："你要是没有经过雄雄的同意，这样是不对的！"

兜兜辩解无效，于是将手中的房子扔在地上，"哼！我不玩了。"这时，

快乐交往　与人为善

妈妈们也闻声赶了过来。

"兜兜，你怎么又发脾气了？"妈妈生气地说道。兜兜咬紧牙关，怒目而视，狠狠地瞪着雄雄，吓得雄雄连忙躲到妈妈后面。

"这孩子，脾气真坏，全被爷爷奶奶惯坏了，对不起啊雄雄！"兜兜妈妈赶紧帮忙道歉！

雄雄妈妈把雄雄拉出来说道："没关系，没关系，你看他整天就知道哭，小孩子争抢玩具是很正常的，没关系，去玩吧！"

欢欢妈妈见状赶紧出来解围："欢欢，我们去滑滑梯玩吧！"

"好的。"欢欢说完，带着雄雄去玩滑梯。不一会儿，他们的欢笑声传了过来，自然地吸引了兜兜。妈妈们终于如释重负。

突然，"哇……哇……"滑梯那边传来哭声。"肯定又是兜兜欺负人了。"妈妈们一边说一边赶过去。

"怎么了？你们怎么都为什么哭呀？告诉妈妈发生了什么事！"

"兜兜推我们，还打我们！"欢欢哭着说。

"是吗？兜兜，你跟阿姨说说，你真的打他们了吗？为什么呢？"

"欢欢挡住我，我就打她，她也打我……"兜兜生气地回答。

"明明是我们先排队的，兜兜不遵守规则，我不让他插队，结果他就打我们！"欢欢理论道。

兜兜气得跺脚，"你挡住我，我就打，我就打！"

"你真是不听话。"兜兜妈气呼呼地说着，一边说着一边拉着兜兜回家。

场面变得尴尬起来。

一回家，兜兜妈妈对着兜兜爸爸抱怨个不停："你瞧瞧，兜兜都被爷爷奶奶宠坏了，脾气那么差，一会儿抢东西，一会儿打人，再这样下去以后就没有小朋友和他一起玩了。"

"雄雄，你看看你，每次出门就被欺负，就会哭，哭有什么用……"妈妈一进家门就一直责备雄雄。雄雄一声不吭地站在旁边，奶奶一听孙子回来，连忙过来："我的宝贝孙子！没受伤吧？你就会埋怨他，都说了外面这么热，叫你不要带出去，下面那么多人不太安全。乖乖留在家里玩玩

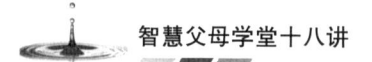

具好不好？"雄雄的奶奶顺便一并指责雄雄妈妈。

欢欢回到家，闷闷不乐地没有说话。妈妈抱住欢欢，轻柔地说："宝贝，你很生气吧？今天兜兜打了你，你也打了他是吧？你觉得谁对谁错呢？等你不生气了我们再好好讨论，好吗？"说着，妈妈递给欢欢一颗作为安抚的糖果，是欢欢最喜欢的那一种。

在这个案例中，我们不难看出，三个孩子在人际交往时的表现是不同的。兜兜是一个缺乏规则意识、礼貌和人际交往技巧的孩子；雄雄则显得怯懦，胆小怕事，缺乏沟通能力；而欢欢在面对问题时比较积极、主动、有规则意识，懂得争取自己的权益。那么，为什么同龄的三个孩子在人际交往方面表现得截然不同呢？

俗话说，每个孩子都是一张白纸。这张白纸最终会成为一幅美丽的画作，还是布满了随意涂抹的涂鸦，很大程度上取决于家庭教育。对孩子的教育是需要注重方法的。

一、学会理解，正确引导

当兜兜抢夺玩具、不遵守游戏规则，以及无端给他人造成伤害时，父母应该努力平息孩子的情绪，站在孩子的立场上理性分析事件发生的原因，并指出其错误之处。同时，父母应该给予正确的引导示范，例如：当孩子想要玩别人的玩具时，应该礼貌地询问："请问，我可以玩一下吗？"或者主动提出用自己的玩具交换。我们应该教育孩子在未经对方同意之前不可擅自索取。告诉孩子这种行为是不妥的，有损于人际交往。父母不应该替孩子轻易道歉就草草了事。

二、学会鼓励，勇于表达

从雄雄奶奶的言辞中可以看出，雄雄日常生活相对单调，主要接触的是家人。爷爷、奶奶对孩子过度呵护、过分关爱孩子，担心孩子在社交中吃亏遭受伤害。这种教养方式影响了孩子的成长，逐渐培养出内向、缄默的性格。作为父母,当孩子被欺负时应该坚定站在孩子一边,引导孩子捍卫自身权益。在任何情况下,个人的物品不应被他人强行占有。孩子可以主动拿回自己的东西,或者请求大人协助制止对方的无理行为。不宜选择让孩子忍气吞声。这种教育方式会显著增加孩子的自卑感,导致孩子只会通过哭泣来释放自己的情绪,而不懂得积极表达。

三、合理介入,父母是我的朋友

通过欢欢在人际交往中的表现,我们可以看出她生长在一个和谐、民主的家庭环境中,父母与孩子之间相互尊重、理解包容。因此,欢欢能够勇敢地站出来保护同伴免受欺凌,并主动维护自己的权益。她也感受到了妈妈在适当时刻给予的支持,希望孩子能清楚描述事情经过,并共同分析、解决问题。

观察孩子们的表现,不难发现三个孩子的社交能力存在显著差异。《3-6岁儿童学习与发展指南》指出,适应能力是儿童在成长过程中必须培养的基本素质,它需要在社会适应的过程中逐步发展。社交自我适应能力是一个综合性能力,包括适应新社交环境所需的交际技能、对社交情景的判断力、自我管理和调控能力,对个体在社会群体和人际关系中扮演角色的认知能力,以及对社会规范的接纳和理解能力等。这种能力,在某种意义上代表着儿童的社会生存能力。在当今高度信息化的时代,这种能力显得尤为重要。由于当今社会知识不断产生、迅速更新,变化快速,导致工作环境持续演变,员工流动频繁。人际交往关系不断构建与变化。在这种情况下,对于个体社会适应能力的需求日益增加。通过积极主动地适应社会环境,不断增强独立性、判断力和责任感,是健全个性发展的重要体现。因此,培养儿童良好的社交能力从小就具有重要意义,为他们的幸福生活和健康成长奠定坚实基础。

卢梭曾言:"要尊敬孩子,不能对他急于做出或好或坏的评价。"幼儿时期是儿童情感快速成长的关键时期,孩子们渴望被爱,同时也渴望表达爱。这种需求首先源自父母对子女的关心和重视。在这个基础上，孩子才能理解何为快乐交往，何为与人为善。

【睿智方法】

五至六岁的儿童时期，是培养良好人际交往和社会活动能力的关键时期。而孩子未来能否主动适应不同环境，积极处理与他人和社群之间的人际关系，勇于承担社会责任，并愉快地面对生活，关键取决于这一阶段的经验积累和受教情况。身为父母，我们应该采用何种家庭教育方式来引导孩子掌握与他人交往的技巧呢？

一、父母是孩子交往的依靠，也是坚强的后盾

仔细观察当下的孩子，我们可以发现许多孩子性格比较内向，他们在不熟悉的环境就会变得紧张，遇到陌生人就害羞，但是在家却表现得很霸道，这样的孩子难以与同伴相处和共同游戏。部分父母因工作繁忙，陪伴孩子的时间有限，往往将孩子交由长辈照顾，而长辈常常过分细心保护，担心孩子受伤，不允许孩子参加许多游戏和活动，这种过度保护导致孩子与外部世界割裂。同时，由于老年人的知识和思维受限，他们往往无法为孩子提供科学合理的教育引导。综合影响下，当今许多孩子缺乏基本的人际交往的能力。

统计数据显示，一百年前获得诺贝尔奖的科学家中有三分之二是通过合作完成的，而在过去五年的获奖者中，竟有80%是合作获奖的。社会的进步日益要求人类具备良好的协作能力。由此可见，培育孩子们的交往技巧不仅是对智力发展和健康成长的基本要求，更是他们未来生活和发展所需要的基本品质。

（一）鼓励孩子进行交往

作为父母，首先应该适当放下工作，给予孩子更多的陪伴，多带领他

们外出，开阔眼界，积极与外部世界接触；引导孩子参与同龄伙伴的游戏，喜欢并愿意与其他孩子共同游戏，并用心去体会与人交流的乐趣；接着要引导孩子自主选择伙伴，培养其交往能力；最后建议孩子主动参与玩伴的游戏活动。例如，当孩子想要加入别人的游戏时，父母可以指导孩子说："你们玩的游戏好像很有趣，我可以跟你们一起玩吗？"或者教孩子做出与游戏过程中相似的动作，向同伴表现出自己对游戏的兴趣，并具备活动所需的技能，引起同伴的注意。让孩子学习独自踏上人际交往的第一步，既可以在实践中学习自如地表达语言，也可以获得伙伴们的好感，玩起来更快乐。

（二）学会适当放手

作为父母，我们应该教导孩子一些正确的交往技巧，而不是一味地替他解决问题。幼儿期的孩子，在一起玩耍经常会出现打斗情况，其实这反映出孩子自我控制能力较弱，只是及时地表达真实感受，并非真正的刻意攻击。孩子在游戏过程中可能就会忘记矛盾，前一秒打闹，下一秒和好如初，这是一个互相磨合、学会交往的过程。因此，我们父母要教导孩子如何处理这类事件。例如，面对一些攻击性比较强，喜欢欺负人的孩子，我们可以选择适当回避，尽量减少接触；在孩子的正当权益受到侵害时，我们应该据理力争，一味地忍让、包容会让孩子的性格越来越懦弱，心灵承受压力，这不利于儿童身心健康发展。父母可让孩子向欺负自己的小伙伴们表明自己的态度，也可以帮助孩子用行动反击，证明自己并非软弱可欺。教导孩子这些技巧后，我们基本可以放手让孩子自行应对交往挑战。

二、身教胜于言教，塑造孩子交往的明镜

俗话说："孩子是父母的一面镜子。"很多时候，孩子的行为能够反映出父母日常的举止。孩子们将父母视为榜样，要时时关注自身行为举止带出的潜移默化的影响。例如，碰到邻居时大方友善地打招呼问好，家里

来客人时热情地招待，出门遇到困难时大胆与人沟通寻求帮助。父母的这些举动都会被孩子观察着、模仿着、学习着，这些举动在无形中给孩子树立起交友的榜样。

比如案例中的兜兜，被自己的父母贴上了不听话的标签。家人对他一味地溺爱，却没有给予他应有的尊重与理解。没有教导他遇到事情时正确处理的方法。导致他在下次遇到同类的事情时，还是不知道如何是好，只能用一些他自己认为合理的处理方式去解决。对此，身为父母，我们在遇到这种情况的时候，应当在倾听孩子的想法后，站在孩子的角度进行分析，再来加以引导。也要学会反思。例如，当发现孩子在与他人相处时，不懂得如何打招呼，那我们首先要把孩子当成一面镜子来反思和观察自己，是否自己也有出现过类似的情况？如果是，那我们下次在与他人相处时，能不能积极主动一些呢？主动与他人打招呼、交流，孩子也会看样学样。

想要孩子做出改变，首先我们得让自己改变，养育孩子的过程是完善自我人格的机会。例如，发现孩子对他人随意承诺，父母要反思自己是否曾在孩子面前说谎，或者随口答应孩子的事情没有做到；当孩子喜欢用暴力来解决问题时，父母该想想自己有没有在孩子面前表露过暴力的一面。如果父母总是意识不到自己的问题，强行管控孩子，那么孩子也会习惯性地用一些不恰当的方式处理问题，这样的行为也就不难理解了。其次，父母要学会客观地评价自己。一个人很容易忽视他人的看法与意见，甚至故步自封，那样就得不到成长。父母需要学习信任他人，并虚心接纳他人提出的合理建议，自觉拓宽自身的社交圈，如此便可以更加全面客观地了解自身的优缺点，了解自我，并勇于挑战自己、完善自我。从而更加正面地面对孩子身上出现的问题，并找到合适的教育方法。父母不仅在家庭生活中要教育孩子，在社会行为中也要以身示范，培养孩子成为有社会公德的人。例如，在带孩子们出门时，一定要注意遵守交通法规；在公园内玩耍时不采摘花卉，不踩踏草地，保护环境，保护公众财产；在公共场所不大声喧闹，避免个人举止可能会给他人带来的麻烦。当家长做到了这些时，小孩就会懂得遵纪守法，约束自己的行为，形成公德意识。父母的榜样力量藏在生活的点点滴滴中，不是装出来的，不是人前一套人后一套，而是化为一种习惯、一种品德、一种修养，这对孩子而言，是最好的教育。

在幼儿期的孩子模仿能力很强。父母是孩子的第一任老师，父母的为人处世直接影响着孩子的一言一行。父母友善待人、热心与人相处、积极遵守教育规则，孩子们看在眼里，也会模仿着以同样的方式去与人相处。因此，唯有以身作则，才能培育出擅长与人交往的高情商儿童。

三、没有规矩，不成方圆

俗语说："没有规矩，不成方圆。"适时建立规则意识，能让孩子在交往过程中避免不必要的纷争，促进孩子间的友好交往。特别是5至6岁的孩子正处于独立期和叛逆期，对事物有自己的想法，在幼儿园和家庭里就很容易表现出调皮的一面，就像兜兜一样。

父母对孩子日常行为的态度，也会影响孩子在遵守规则方面的态度。如果平时父母对孩子的违规行为有时候处罚有时候屈从，原则无法统一，或者对孩子过分顺从，很容易让孩子在规矩的边缘反复试探，或者甚至干脆不顾规矩、屡次犯规，而这将会导致孩子无法与小伙伴正常玩耍、游戏。那么，怎样让孩子懂规则、守秩序呢？

莎士比亚说："游戏就是孩子的主要'工作'。"因此，父母要掌握儿童在各年龄阶段的学习特点和发展规律，并学会通过儿童最感兴趣的游戏来指导孩子遵守规则。在游戏过程中父母要尊重孩子，维护孩子的合理权益，本着"谁的谁做主"和"先到先玩"的原则，做到人人遵守规则，在规则面前人人平等，而不是用父母的权威压制孩子，强迫他做不愿意的事情。对于无理取闹、不遵守规则的孩子，也不能纵容，用规则说话。

强强和多多是经常在一起玩的好朋友。但在相处的过程中，每次强强看到自己喜欢的东西会毫不犹豫地从多多手中抢过去，并且理直气壮地认为这是他自己的东西。对于这样的情况，多多妈妈会安慰多多，"没关系，你们都是好朋友，强强喜欢就让给他吧，到时候妈妈再重新给你买。"多多不情愿，妈妈严厉地说："你怎么这么小气呢？强强是你的好朋友，玩一下有什么不可以呢？"久而久之，面对这样的情况多多也就不反抗了。而强强妈妈则是默不作声，对于强强这种行为，不支持也不反对。因此，强强也从来没有意识到自己这样做是不对的。

两位妈妈的处理方式让两个孩子都受到了伤害，多多迫于妈妈的压力不敢表达自己的想法，强强却因此形成了自我意识。这样使得两个孩子在与他人相处时都存在一定的障碍。孩子物品归属权意识还不成熟，对"我喜欢"和"我的"理解不透彻，这是自我意识形成过程中的一大表现。因此，遇到类似的情况父母可以如此教导孩子：你的玩具你自己有权做主，可以选择给其他孩子们玩，也可以选择给自己玩。但如果是别人的玩具，他也可以选择跟你一起玩或者不跟你一起玩。如果你想玩别人的东西，你必须有礼貌地说，"请问我可以玩一下你的玩具吗？"如果别人愿意，那说明别人很乐意借给你这个有礼貌的孩子，但别人如果不愿意借给你，那我们也应该理解，有可能这是他很宝贝的东西，或者他自己还没有玩够，因此不太想借，我们要接受这样的事实，绝对不能硬抢。通过坚持这种引导方式，孩子将会逐渐形成规则意识，提高他们的交往能力。

四、友善交往，培养孩子最美的品质

友善情感的培育在童年阶段尤为重要。善意是人性光辉中最美好、最暖人心的一抹阳光，也是人道主义精神的重要基石。缺乏善意将导致人与人之间缺乏真挚的爱，进而妨碍人类的进步。著名教育家苏霍姆林斯基指出，每个人都应该在小时候就接受"爱之情"的教育，即专门教导善意和人类情感的学校。

然而，在当下，许多孩子像兜兜一样，不懂得向别人表达善意。分析这其中的原因，一方面与来自家庭的过分溺爱；另一方面，也与整个社会对于孩子太过包容有莫大关系。例如，当一位顽皮的孩子在公共场合举止不端，甚至因为过于调皮而给他人造成了困扰，公众常常都会一笑置之，说:"算了,他还是一个孩子。"如果有人上前对孩子的行为进行指责和教育,或许还可能被冠以"太过较真""和孩子计较"这样的"罪名"。

关于这一点,我们可以参考一下外国人的做法。大家都清楚,欧美国家的法规对个人的个性、隐私和权利等有非常严密的保障。生活在欧美,很多父母常常教导子女有些行为绝不可以做,例如,以不礼貌的手势对着其他人;以嘲讽口吻对其他人讲笑话;随便触碰其他人身上的隐私部位;在公共汽车、地铁等城市公共交通工具上进食;在公众场所大声谈话等。即便其他人发型凌乱不堪,或染成五颜六色,身着奇装异服,也绝对不能指指点点,更不能在后面议论纷纷,也不能随意评论同学等。

与此同时,为了培养孩子和他人的友好相处,一些欧美国家从幼儿园起就已经将点滴教育渗透在校园的日常教学之中。例如,鼓励小朋友们在力所能及的范围内,通过提供不用的书籍或资金到学校专项教育基金,以帮助有需求的人或者用于改善学校的教育设施;定期给学生一个行为准则,鼓励营造友善的氛围。

以上做法,值得中国的父母和学校借鉴。尤其是作为教育孩子的第一任教师的父母,更要引导孩子与人为善。父母要教导孩子培养善于协作、关爱他人、公平玩耍、乐于助人等品质。同时,明确哪些行为会伤害同伴、不利于友好相处,例如,霸道、不谦让、嘲笑他人、不懂得倾听、小气等;并从小教导孩子如何礼貌、友好、真诚、平和地与人交往。父母可借助绘本、童话故事,根据孩子的交往经历,探讨受欢迎的行为模式,以及如何赢得好感和如何应对各种情况。

(一)让孩子学会倾听,懂得尊重

在日常生活中,父母应该训练孩子不要抢话、插话,要学会倾听他人说话。与他人交谈时,应当注视对方的眼睛,认真倾听,并等待他人说完之后再发表自己的看法。当孩子出现插话,或者不认真倾听的情况时,家长可轻轻碰触孩子的嘴唇或轻摸耳朵,示意孩子要专心听完对方讲话再表达自己的观点。同时,可以直接告诉孩子:"等我们说完了你再发言,可以吗？"对话结束后一定要兑现承诺："我现在说完了，轮到你发言了。"孩子在经过提醒后做到了认真倾听、不抢话、不插话，家长一定要及时发现孩子的进步，并给予表扬。

（二）学会宽容对待，遇事不争吵

在游玩过程中，若遇到意见不一的情况，父母首先要引导孩子运用言语而非拳头解决分歧，学会与其他孩子商量，可以约定好游戏次序，逐个进行游戏，也可选择轮流游戏。如此一来，每个人都有机会玩自己喜欢的游戏。其次，指导孩子遵守游戏规则，学会克服独占自私的心态。家长应告知孩子：若不遵守比赛规则，游戏将无法进展，大家也不会享受游戏的乐趣。最后，要教导孩子尝试妥善处理矛盾的方法，如商量、互换、轮流玩、合作等，培养换位思考和理解他人观点与情感的能力。

（三）与人为善，做个受欢迎的人

父母应该多带孩子去户外活动。当看到别人在玩时，要引导孩子积极地表现出想要加入的愿望。但有些性格比较内向的孩子出于羞涩而无法主动开口，这时家长可以亲自示范，询问孩子："我能够和你们一起玩吗？"慢慢地，孩子也会学着展示自己的需求。同时，教授孩子加入团体活动的技巧。大多数孩子会被他人的玩具吸引。因此，家长可指导孩子带着自己的玩具去找玩伴，并通过分享赢得他人好感，这也是加入团体玩耍的一个有效方式。同时，父母还需要告诉小朋友们哪些是和伙伴相处中必须注意的地方。一方面是学习使用礼仪语句，如"对不起""谢谢""请""你好"等。另外是相处的基本规则，包括分享、轮流和等候。唯有如此，孩子和他人相处的能力才能得到全面的培养。

总之，5至6岁是孩子人际交往能力发展的关键阶段。在生活和游戏中，孩子通过与成人和同伴相处的快乐，学会与人友好相处，正确看待自我和他人，从而逐渐适应社会生活。父母、家人和老师应在适当的时机和恰当的方式下，引导孩子快乐地交往，与人为善，为其未来健康成长奠定坚实基础。

【悦上活动】

一、情景分析

皮皮和小朋友玩耍时总喜欢充当规则制定者，希望他人听从自己，一旦有人不听从他便会生气，导致气氛不愉快。

长此以往，伙伴们逐渐疏远他，不再乐意与他互动。如遇孩子出现这种情况，家长该如何引导孩子正确处理情绪，并促使其愉快与伙伴们交往呢？

二、亲子游戏

根据自己孩子的性格特点，和孩子一起做"交朋友"的游戏，轮流做自我介绍，引导孩子恰当表达"我想""我喜欢""我可以"，在游戏中观察孩子的表现和反应，并适时给出正确的示范与引导。

三、亲子阅读

推荐《学会友好相处》——儿童心智成长绘本。绘本画风独特，从儿童视角出发，内容简单有趣。能有效地帮助孩子学习、理解并实践基本技能，同时引领家长为孩子提供更科学、更专业的引导和协助。

《幼儿园社交指南》共六册，通过六个小故事教导孩子们如何友好地与他人交往。

幼小衔接　迎新启航

【崇和课程】

睿泽自小便天资聪颖、机智伶俐、能歌善舞，备受家人喜爱。在幼儿园时期，老师们也无不赞赏。然而，一进入小学阶段，睿泽的表现却令人担忧。

宋老师拿着教科书走进5班教室，还没来得及放下书本就看见睿泽正在把讲台上的粉笔一支支掰断。宋老师匆忙走近，不悦地询问："睿泽，你在干什么呢？怎么把粉笔掰断呀？"睿泽眨眼一笑，径直回答："老师，我觉得这样挺好玩的。"这时上课铃声响了起来，孩子们陆续回到自己座位准备上课。宋老师想着等下课再找睿泽好好沟通一下。没想到，睿泽又突然大声说道："宋老师我快憋不住了，我要去上厕所！"睿泽一说完，引起了全班哄堂大笑。宋老师脸色一沉，责问睿泽："才上课就要去上厕所，课间为何不去呢？"自知刚入一年级的睿泽对小学生活还不习惯，宋老师勉强点头同意："好，你先去吧。"睿泽高兴地跑出教室。

看到睿泽高兴的模样，宋老师暗自思索：作为新生，睿泽需要适应的过程，但转念一想，睿泽上课时总是坐立不安，坐不到三分钟就开始做一些小动作，或者说一些奇怪的话来影响老师上课；课间也喜欢到处走走摸摸，随意翻动小朋友们的书包、文具，把布置好的课室环境弄得乱七八糟、把桌子画得脏兮兮。如果不及时向其父母反映，会影响孩子小学阶段学习生活。于是，宋老师快速地拿起桌子上的手机，给睿泽的父母拨打电话，向他们反馈睿泽在校的各种表现。没想到睿泽父母却说："老师，我孩子在幼儿园的时候什么都好，每个老师都夸他聪明可爱，怎么到小学就出现各种问题呢？"

睿泽为什么刚上小学，各项表现就如此糟糕呢？为什么在幼儿园里表现一切都好，一上小学就不行呢？原来幼儿园是学前教育，其主要任务是游戏、玩耍；而小学是义务教育，其主要任务是学习学科基础知识。学习需要许多行为规范来支持，例如上课不能随便走动、不能随意上厕所等。睿泽出现这种状况，说明他还没完全适应小学阶段的学习要求，还保留着幼儿园阶段的习惯。作为父母该如何正确地帮助睿泽进行幼小衔接阶段的适应，让他可以更快地适应小学阶段的学习和生活模式呢？

幼小衔接指的是孩子从幼儿园教育阶段进入小学教育阶段的这个过程。在这个过程中，教育模式和生活环境发生改变，孩子们会面对许多新问题。因此，在步入小学之前，孩子需要建立适应从幼儿园到小学教育过渡所需的一系列新行为方式和生活模式。如果在幼小衔接这个教育阶段过程中过渡得好，孩子在进入小学教育阶段适应过程中就会比较顺利，也能够使孩子在进入小学教育阶段后，在身心、生活、社会和学习等方面的适应过程中有良好的表现。

然而，在现实生活中，有些家长在该引导孩子做幼小衔接时，常未予以关注。他们往往默认事态自然发展，认为孩子到了该学习的年纪，有老师教导自然就会学有所成。其实，过度溺爱、顺其自然之道，看起来好像是为了孩子好，不给孩子增加负担，实际上是我们父母在推卸自己的教育责任，把属于自己的教育责任都往教师和学校身上推。如果父母对孩子即将升入小学的事情不以为意，不予以重视，对孩子小学阶段的发展是非常不利的。尤其表现在以下几个方面。第一，学习衔接不畅可能导致孩子睡眠不足、精神负担过重、自信心不足、学习兴趣降低等；第二，生活衔接不顺可能引发孩子养成不良的生活习惯，如缺乏规则、安全意识等；第三，身心衔接跟不上会导致孩子情绪低落、逃避、不想上学等；第四，社会衔接不协调可能导致孩子胆小怕事、对未来感到恐惧、社交行为不良等。正如案例中的睿泽一样，刚升入小学就由于不适应出现各种不良行为现象，这种现象持续下去，或将成为大家眼中的"难缠之辈"。

因此，幼小衔接阶段非常重要，正确的幼小衔接之道从幼儿园开始，父母应协助孩子做好入学前的准备工作。

一、寻找良方，为孩子前行添点"绿"——身心准备

在《中华人民共和国义务教育法》中明确规定，年满六周岁的儿童应进入小学接受并完成教育，若条件不具备可推迟到七周岁。不足学龄的儿童在生理和心理上都不如学龄儿童成熟，过早入学会导致孩子心智发育不成熟无法快速适应小学生的角色。在某些方面，他们的适应过程会比适龄儿童更为缓慢，久而久之会使孩子产生挫折感、自信心受损；也会逐渐产生胆怯、自卑、对上学提不起兴趣等状况，最终影响到孩子今后的学习及人格发展。

整个幼儿园阶段，孩子在学习和生活中都是在"玩中学""学中玩"的状态进行的。小学阶段主要是以学科教学为主，玩只是小学阶段的一部分，而非像幼儿园阶段玩是全部。在小学学习阶段孩子要做到认真听讲、学会聆听、学会学习方法、学会与同伴合作学习、自主完成作业等。若身心准备不充分，就像案例中的睿泽一样，在入学后会出现各种不适应的情况。作为父母，可以通过以下三点小技巧来帮助孩子做好身心准备。首先，通过学哥学姐带领参观校园、阅读等多种途径树立美好期待。例如，找到认识的"熟人"，让旧环境中的"熟人"帮助孩子理解新环境"新"在哪里；分班之后如果发现附近有认识的同班小伙伴，可以提前一起进行有意义的活动，帮助孩子在新班级初步建立人际关系。部分父母因其他因素无法带孩子到新学校参观学习的，可以通过学校公众号等资源，提前帮助孩子了解新学校的概况。如了解课室、办公区、校园环境等，模拟在学校区域可能会遇到的问题并尝试寻找解决方法。其次，培养孩子作为小学生的自豪

感。父母可以与孩子一起分享自己上小学的有趣事件。例如，在课间活动时，自己是如何与同伴玩小游戏；最喜欢哪一门课。同时，可以分享自己在小学阶段，遇到的困难以及如何解决并克服困难的经验，以此激发孩子对小学阶段的向往和兴趣。最后，切忌用恐吓言辞影响孩子，尤其要避免使用如"看你这样，上了小学怎么办？""你现在不好好学习，看小学老师怎么收拾你！"等恐吓孩子或者丑化小学老师形象的语言。

另外，作为父母，我们要调整好心态。一旦孩子进入小学，就要拥有从零开始的心态。学习是一场马拉松，最重要的不是孩子开始时位居第几名，而是孩子是否愿意并乐于上学。短暂的落后并不重要，真正重要的是孩子是否拥有独立生活的能力、积极乐观的性格、良好的人际交往能力，以及应对挫折的能力。

二、收集法宝，为孩子适应加点"油"——学习准备

陈默教授曾多次强调："超前教育治标不治本，过早灌输小学知识会干扰孩子的注意力和专注力发展。"

目前，许多家长担心幼儿缺乏知识储备，跟不上小学学习进度，因此提前给幼儿学习小学一年级知识，甚至在入学前就报各种幼小衔接班，例如，手指快算班、识字阅读班、拼音班等。看到幼儿能数到一千、能写出很多字便得意洋洋，自以为孩子学得越多就越厉害。然而，这些做法并未顾及幼儿成长的年龄特征和身心发展规律，这样容易损害其对学习的兴趣，并可能产生适得其反的效果。正如专家所言，超前衔接不仅不能帮助到幼儿，反而会对幼儿在小学教育阶段的学习产生一定危害，主要表现在以下几个方面。第一，专业性与非专业性的区别。小学课程都是由专业教师来教授，不同学科由不同专业教师授课，这样才能保证孩子在学习上接收到最新、最专业的学习方法，才能更好地掌握学习技能。虽然很多父母认为小学一年级知识非常简单，任何人都可以教，但他们未意识到非专业教师授课可能导致学习方法不同。如果不是专业的教育工作者，既不能保证孩

子学习方法正确，也不能保证幼儿能真正掌握到学习技能。例如，在教孩子认识和书写"口"字时，不专业的教育者会直接简单地教孩子说："你看着书本中的样子，照着写就好了。"表面上看，孩子照着书学习学会了这个字。但是在书写的时候就会出现，写一竖打个圈圈变成一个"口"字的现象，因此，这种教法并不科学。而专业的教育工作者，会从字的笔顺、字形结构的严密和美感、发音的口型等去教导幼儿学习技能与学习方法。第二，超前学习的危害。例如，超前学习会导致孩子以为自己懂了，反而在上课时不认真听讲，还会影响到孩子学习兴趣的培养。例如，小学一年级第一学期数学才学到20以内加减法，父母已经在幼儿园阶段，让幼儿学到了100以内的连加连减，小学数学老师上课时，幼儿潜意识就会认为，这些知识我都已经全会了，不需要再学习，上课可以做自己喜欢的事情而不用认认真真听老师讲课。孩子在长期不认真听课的状态下会对学习失去兴趣，也会如案例中的睿泽一样，无事可做时就做一些奇奇怪怪的事情，来吸引老师和同学的关注，导致最后成为"偏长生"。

另外，父母需要了解幼儿园教育和小学教育虽是紧密相连的两个教育阶段，但在教育方式、教学内容等方面存在着显著差异。例如，幼儿园和小学的上课时间有明显区别，幼儿园根据幼儿年龄设定不同的课时长，例如，小班15~20分钟、中班20~25分钟、大班25~30分钟；而国家规定小学每天上6节课，每节课40分钟。此外，幼儿园学习内容没有统一教材，教师可根据《幼儿园教育指导纲要》和《3-6岁儿童学习与发展指南》自主设计课程，根据幼儿的反应进行灵活调整。相较之下，小学的学习内容是统一的，教师需要按照征订的教材和教学标准进行教学，以确保学生学习体系的完整性和严谨性。

三、学会技能，为孩子生活来点"糖"——生活准备

对幼儿而言，升入小学是人生发展中的一个重要转折点，他们即将经历全新的教育学习方式和生活模式。由于两个教育阶段之间存在较大差异，

在这个过渡过程中，幼儿可能会遇到很多适应性问题。那么，如何帮助幼儿更好地从幼儿园轻松过渡到小学呢？首先，父母应了解幼儿园和小学在环境设置和生活纪律方面的差异，并与幼儿分享，让他们明白小学教育的不同之处。例如，幼儿园的教室、厕所和午睡场所通常是共享的，而在小学，教室、厕所和午睡场所是分开的；幼儿园的活动主要分为户外、室内和综合训练等场所。而小学有各种专门的课室、功能室和运动场馆。此外，幼儿园上课时间没有铃声来管理，一般由各班老师自由安排，而小学则通过铃声提醒老师授课时间，每节课为40分钟。在幼儿园阶段，孩子没有迟到早退的概念，也不存在对园所规定时间的严格要求，而在小学最基本也是最严格的纪律要求就是上学不能迟到，放学按时回家，因此，我们要养成早睡早起的好习惯。

其次，父母应培养孩子以下三个方面的生活小技能。第一，整理技能。例如自己整理书包、书籍和学习用品，保持干净、整洁、有序，正确使用学习用具并及时归位。第二，生活技能。例如，在天气变化时，根据需要穿脱衣物；当身体不舒服时要及时寻求老师和同伴的帮助等。第三，独立能力。放手让孩子去做自己力所能及的事情，例如倒垃圾、擦桌子、扫地、摆放物品等。同时也要帮助孩子建立良好的作息习惯，可以在开学前一个月就根据小学标准制定作息时间表，使孩子逐步具备时间概念，有序地适应一年级的日常生活。

【睿智方法】

科学地进行入学准备是促进孩子从幼儿园教育走向小学教育的重要衔接。这同时标志着结束幼儿园教育，迈入小学教育的起始阶段。孩子能够快速适应小学的学习生活，不仅取决于我们与孩子共同做好充分准备，还需培养孩子的各种良好品质，为孩子整个小学教育学习阶段打下良好基础，帮助孩子顺利度过过渡期。

一、让习惯陪伴孩子学习

良好的学习习惯在人一生发展中有着重要的影响，幼儿若能在幼儿园时期养成良好的学习习惯，在升入小学后就可以较快地适应学习和生活环境。教育家陈鹤琴提出一个观点：凡是儿童自己能够做到的事情，应当让他们自己去完成。因此，在幼儿园和小学之间的过渡期间，父母需要培养孩子良好的学习习惯，帮助他们平稳过渡，为长期发展奠定基础。

培养良好习惯的关键时期在幼儿园阶段，因为此时幼儿身心发展迅速，行为方式和心理活动具有较大可塑性。父母示范良好行为，可帮助孩子养成良好行为习惯；反之，则可能导致孩子形成不良行为习惯。在幼小衔接阶段，父母应培养孩子何种良好学习习惯？首先要培养书写习惯。在孩子书写时，父母应引导正确的握笔姿势和书写方法，以养成良好书写习惯。另外，父母还应注重阅读习惯的培养，通过频繁阅读潜移默化地塑造孩子。父母可以通过陪同孩子逛图书馆、共享绘本故事和创造安静的阅读环境等方法来培养孩子的阅读兴趣，培养良好阅读习惯。

总体而言，无论是书写还是阅读习惯，都需要时间和持久的努力才能养成的。在幼小衔接阶段，作为父母应坚持不懈地引导和扶持孩子，共同培养良好的书写和阅读习惯，这样才能帮助孩子成功过渡至小学阶段，更快地融入学校生活。

二、让规则助力孩子适应

什么是规则呢？规则是指在日常生活、工作和学习中，大家必须遵守的科学、合理、合法的行为规范准则。培养幼儿的规则意识对于保证他们未来正常参与学习和生活至关重要。幼儿园教育阶段和小学教育阶段存在着许多规则上的差异。例如，幼儿在幼儿园的教育活动中可随意上厕所、喝水、玩玩具等；而小学孩子在上课前，要把书本放在桌子右上角，并在铃声响起时进入课室准备上课，上课期间不能玩小动作，不能随意喝水或玩耍等。如果在幼儿大班时没有明确告知这些规则差异，将导致幼儿缺乏规则意识，从而无法良好地衔接到小学教育。当孩子慢慢长大，我们一方面要保护他们的表达独立性，另一方面也要引导他们逐渐接受家庭和社会的规则，树立任务意识和规则意识，不能因个人需求而忽视他人的存在和权利，尤其在学前阶段。

周末，在公园里偶然间听到一对母子的对话。孩子说："妈妈，你在聊天，能给我玩一下手机吗？"妈妈说："只能玩5分钟，时间到了要还给我。"孩子得到允许后兴高采烈地说："好的，我一定说到做到。"于是，这位妈妈放心地把手机给孩子，孩子开心地开始玩手机。随后，妈妈坐在旁边和朋友聊着她们的趣事，时间在愉快中慢慢流逝。半个小时后，妈妈才突然发现，孩子还在玩手机，马上大声对孩子喊道："时间到了，赶紧把手机还给我。"孩子正玩得起劲时，怎么肯心甘情愿地把手机还给妈妈呢？妈妈愤怒地责怪孩子："说好玩5分钟的，现在过了半小时了，你没有遵守规定。"孩子满脸不情愿地说："5分钟的时候你自己都在聊天，也没说不能玩手机，是你先不遵守规定的！"妈妈气得说不出话来。

类似这样的情景您是否也曾经遇到过？在上述案例中，是妈妈缺乏规则意识，还是孩子缺乏规则意识呢？实际上，案例中的孩子表现出极度缺乏规则和时间意识。作为父母，我们可以通过以下三点来培养孩子的这两种意识。

（一）父母要做好榜样示范

父母平时的一举一动就是最好的榜样示范。因为学龄前孩子最擅长的一种学习方式就是模仿，而且年龄越小模仿能力就越强。例如，平时在和孩子一起购买东西时，要排队买单；过马路走斑马线；和孩子一起出门时，一起检查各自的外出物品是否准备齐全等。作为父母，要从生活中的小事做起、从孩子婴幼儿时就开始做好表率，这样才能在潜移默化中培养孩子的规则意识。

（二）要让孩子参与制定规则

规则不能由父母单方或者某个人来制定。父母要与孩子共同商量，然后把商量结果形成规则。并明确告诉孩子既然规则是共同制定的，就要一起遵守，不能半途而废。例如家规篇：进门先换鞋子；吃饭前洗手；做错事要主动道歉等。再如作息篇：每天玩手机的时间是多少，晚上从几点开始睡觉，完成作业需要多长时间等。

（三）要给孩子设定小任务

父母可以通过设定一些小任务，来培养孩子遵守规则的意识。在规定的时间内，完成一件事情或者在特定的场景里只做规定的动作等。例如，让孩子在规定时间内，把玩具收拾整齐。这样的"小任务"式的规则，比简单的"要收拾玩具"更加具体和可操作，而且更能让孩子享受完成任务的满足感。孩子会从被动接受任务逐渐转变为主动完成任务，逐步培养独立完成各种任务的能力，规则意识和自主意识也随之建立。

因此，在整个幼小衔接过程中，父母可以利用这些小技能、小规则等来培养孩子遵守规则的意识，使其养成良好的行为习惯，认识到自己已经是一名小学生了。

三、让专注帮助孩子成长

在孩子认知发展过程中，专注力的培养尤为重要。在日常生活中，我们时常发现，一些孩子由于缺乏专注力培养，使他们的生活和学习受到影响。专注力的训练关键期在学前教育阶段，因此培养幼儿的专注力对其未来的学习和发展具有决定性的作用。在《幼小衔接工作指导手册》中明确指出："幼小衔接应注意培养幼儿良好的注意力，为幼小衔接做好准备"。我国李忠忱教授也明确指出："注意力这个要素对幼小衔接阶段的孩子来说尤为重要"。在孩子刚进入小学教育阶段的学习中，很多现象会让父母和教师们感到苦恼，比如孩子容易分心、走神、做作业慢等。这些现象主要是因为两个阶段对注意力集中的要求不同，以及在幼小衔接阶段缺乏专注力训练造成的。对于刚上一年级的孩子来说，从大班的教育活动过渡到小学课堂需要更长的时间集中注意力，这是个艰难的过程。虽然，随着孩子年龄增长和习惯养成，注意力持续时间会逐渐增加但仍远达不到小学课堂对注意力的要求。因此，在幼小衔接阶段，父母需要抓住小学教育要求学生长时间集中注意力的特点，培养和训练幼儿专注力，以有效进行幼小衔接教育工作，并帮助孩子更好、更快地适应小学及后续的学习生活。

（一）父母提供支持

随着生活水平的提高，孩子购买玩具已成为日常。通常当孩子在玩具店看着玩具时，他们会全神贯注地站在窗外观察。然而，许多父母却会打断孩子，找各种理由不买或直接拉着离开。事实上，这样的行为并不利于培养孩子的专注力。作为父母，我们应该采取以下措施：当孩子玩得兴高采烈时，做好陪伴让孩子尽情地玩耍；当孩子静静地在角落玩玩具、看书、做手工时，尽量保持安静的环境，让孩子可以专心致志地玩、看、做等，这些做法都可以提高孩子的专注力。在现实生活中，许多父母总是把自己的意愿强加给孩子，总是以"我是过来人，懂得更多""我是为了孩子好"来打断孩子的做法与想法。然而，当孩子专心致志地做一件事时，他们会主动探索未知的知识，寻找解决问题的方案和办法，这是锻炼孩子专注力的最好方法。

（二）孩子学会倾听

培养孩子专心、认真倾听周围人话语的习惯，有利于提高孩子的专注力。在现实生活中，大部分孩子难以做到认真、专心地倾听别人讲话。要更好地提高孩子的倾听能力，作为父母可以通过以下几个小方法来提升孩子的倾听能力，从而锻炼孩子的专注力。例如，阅读一小段文章后，让孩子复述文章内容；和孩子一同下棋，使孩子沉浸于思考中；和孩子一起练习口算题，看看谁能迅速说出答案；和孩子一起玩专注游戏，如转眼球游戏，方法是父母让孩子跟着自己的手指转动自己的眼球；或者布置一些规定的小任务让孩子完成，比如，请孩子把水杯倒满水，或在睡前完成一则故事阅读等。孩子为了完成任务就需要认真、专心地听取他人的指导，通过反复练习，孩子的倾听能力和专注力将自然得到提升。如果具备认真、专心聆听他人言语的能力和专注力，孩子进入小学阶段将更快适应，学习也会更为轻松。

（三）一起玩游戏

父母可以通过和孩子一起玩规则小游戏来提升孩子的注意力。在开始游戏前，父母应确保孩子清楚了解游戏规则，并明确告知孩子必须遵守规则。我们身边有很多常见的规则小游戏，例如你说我猜、老鹰捉小鸡、走迷宫、抢凳子、丢手绢等。当孩子投入到自己喜欢的游戏中时，你会发现他们的注意力得到了增强。

四、培养良好的社交能力使孩子更受欢迎

在幼小衔接阶段培养社交能力对孩子未来的成长至关重要。这种重要性主要体现在进入小学后，孩子是否能快速适应新的社交环境。社会交往能力较差的幼儿可能胆小内向，不擅长主动与同伴交往或无法友好相处，遇到问题也不敢向老师寻求帮助，他们常常会感到孤独、心情沮丧，对学习的兴趣也会大大降低。而社会交往能力较好的幼儿则开朗、阳光、大方、爱笑、善于沟通，让人乐于接近。良好的社交能力可以促进幼儿更好地适应小学阶段的生活，乃至整个人生中的社交互动。然而，在现实社会中，许多人的生活方式已经转向线上交流，不再需要面对面交谈，这种趋势逐渐削弱了我们的社交能力。因此，孩子应该不断提升自己的社交能力，作为父母，也可以从以下几个方面来培养孩子社交能力。

（一）给予关注，接纳同伴

父母日常生活中应多给予孩子鼓励和机会，引导孩子主动与他人交往，以展示并提升自己的社交能力。并让孩子在日常生活中尝试与同伴进行交流。例如，允许孩子邀请同伴来家里玩，让他们相互参加彼此的生日派对，

在这些派对中，让他们可以自由交流、谈心、表达情感。此外，还应鼓励孩子积极参与同伴间的游戏活动，体验在玩耍中的快乐；平时可多带孩子参与亲朋好友的聚会，帮助他们消除对陌生人的恐惧心理；鼓励孩子和不同年龄段的人交往，逐渐增强他们与他人社交能力。

（二）体验成功，树立自信

良好的社交能力培养需要一些技巧，父母可以通过特定的训练方法来提升孩子的社交能力。例如，在孩子和朋友或同学在一起玩耍时，父母应在适当的时机来引导孩子学会合作和分享的社交技巧。当孩子展现出主动分享的行为时，父母应及时肯定。当孩子与同伴发生矛盾和冲突时，父母应教导孩子解决问题的交往技能，让孩子学会自主解决问题，而不是凡事求助于成人；此外，父母还应正确引导孩子通过协商和合作解决问题。父母还应学会与孩子共同游戏，在游戏中教导孩子沟通和合作的交往技巧，并让孩子通过与父母交流学会分享和解决冲突等社交技巧。

所有社交技巧都不是一朝一夕能养成的，都需要时间和耐心才能培养成熟，父母和教师需要细心正确地引导，抓住日常生活中的教育机会，让孩子在日常生活中，感受到社交技能的重要性。孩子通过培养获得良好的社交能力，将成为备受喜爱的孩子。在幼儿教育向小学教育过渡的过程中，孩子也将在轻松愉快的氛围中逐渐适应。

【悦上活动】

一、情景分析题

大班的睿泽兴高采烈地背着小书包放学回家。回到家后，他放下书包，高兴地问道："妈妈，我可以看电视吗？"妈妈立即回答："你的口算作业还没有做完呢，怎么能看电视呢？快点把口算作业做完再看电视。"睿泽小声嘀咕道："作业都做完了，接下来是吃饭和洗澡时间，肯定没时间看电视了。"于是，睿泽感到很不开心。

请问您是否遇到过类似的场景？您是否赞同睿泽妈妈的做法？如果您遇到了类似的情况，您会如何处理呢？

二、亲子活动

请根据自己家庭的实际情况，对照小学阶段要求，和孩子提前做生活作息表。按照作息表来规范孩子行为，让孩子养成良好的习惯，提前适应小学阶段生活。

【小学篇】

良好习惯　奠基未来

【崇和课程】

在厨房做饭的妈妈，远远就听到果果的大嗓门在叫着："妈妈——"，妈妈闻声赶来走到门口，看见左一只、右一只的鞋子飞落在地上。下一秒儿子果果就光着脚冲进家门，往沙发上一躺。开始发出一连串的指令："妈妈，我想喝牛奶！"妈妈赶忙停下手上的活儿，为果果温好一杯牛奶递给他。牛奶刚喝了两口，他又开始大声叫起来："草莓、草莓，我要吃草莓！"妈妈轻声哄道："乖儿子，先洗手吃饭吧，吃完饭再吃草莓。""不！我就要吃草莓！我现在就要吃！"妈妈无奈，只能顺着他。他一边吃草莓一边玩玩具，玩得不亦乐乎……晚饭时间到了，无论家人怎么哄，他都不愿意再吃一口饭。不仅如此，他还是一个"垃圾制造王"。只要他在家待着，不超过五分钟，家里就会出现满地零食、纸屑，还有随处可见的果皮、杂物，他的玩具、拖鞋、画本也散布在家中的各个角落。

每天晚上，妈妈一边收拾碗筷，一边对果果说："宝贝，快去房间完成今天的学习任务吧，要不然，时间又不够了！"果果一边兴致勃勃地看着电视，一边回应妈妈："好的，我知道了！马上就去！"可是，动画片似乎对果果有一种魔力，把果果深深地吸引住了，果果坐在沙发上，根本迈不开腿。一个小时过去了，妈妈看到果果还在看电视，生气地说："你

· 81 ·

怎么还在看电视，等会做得完吗？"妈妈心里虽然很着急，但还是很无奈地说："下次不可以这样了，回来要先完成学习小任务。"果果不情愿地回一句："好的，我知道了。"等果果完成学习任务后，洗完澡、已经晚上10点钟了，又是一个晚睡的夜晚。妈妈本来想给果果安排一些课外阅读，可果果每天连最基本的学习任务都不能在规定的时间内完成，更别说利用额外时间进行课外阅读了。

妈妈知道果果的这些不良习惯会影响他未来的生活。为此，家人也很苦恼。妈妈尝试过一些办法想要帮助果果养成良好的习惯，如小奖励、小惩罚等，但效果微乎其微，果果依然我行我素，妈妈也只能无奈地摇摇头，不忍心惩罚年幼的果果。即便如此，偶尔批评几句，也会被果果以"爸爸也乱放东西，你为什么只骂我？"作为理由反驳回去。

案例中的果果可以说是一个典型的"熊孩子"，不讲卫生、没有礼貌、喜欢顶嘴、生活没有规律等，集各种"标签"于一身，妈妈有心无力，只能安慰自己"孩子还小"。长期的纵容导致孩子在受到责罚时不以为意，甚至在被妈妈批评的时候，还以"爸爸也乱放东西，你为什么只骂我？"作为自己的挡箭牌，完全没有意识到自身的问题。我们知道，习惯对个人的发展具有重要的影响，甚至是决定一个人一生是否成功的关键。一些良好的习惯对个人的发展起着积极作用；而另一些习惯会给人的一生都带来负面影响，这就是所谓的坏习惯。小学低年段的孩子正处于人生的成长期，他们希望得到父母更多的关爱和陪伴，常常"撒娇式"地指挥父母"要这样""要那样"。在儿童身心发展规律中，这也是情理之中的。因此，在长辈们的溺爱下，很多孩子在生活中变得懒惰、不讲卫生、没有礼貌、缺乏时间观念、不受约束、缺少恒心等，这些不良习惯都会对孩子未来的学习和生活产生深远的影响。例如：一些孩子早晨起床后对父母不予理睬，没有最基本的礼貌问候；晚上回到家也不与家人问好，遇到长辈常常不打招呼，不屑理会。如果不及时纠正这样的习惯，将来长大后进入社会工作，将导致人际关系紧张，很难和周围的人和谐相处。

案例中，父母的教育方式要么只在孩子犯错时，简单粗暴地惩罚孩子；

要么就一味纵容孩子，对孩子的错误行为不加干预和制止，缺乏科学的家庭教育指导，缺乏合适的教育方法对孩子进行引导。

作为父母，我们需要正确地引导孩子，及早帮助他们养成各种良好的习惯，树立正确的人生观和价值观，及早帮助孩子奠定"良好的习惯"这一终身发展基础。在帮助孩子改变不良习惯的过程中，我们首先应该了解为什么果果会有这么多不良行为习惯。孩子的良好行为习惯又受到哪些因素的影响呢？

一、上梁不正下梁歪

从孩子出生到上学之前，几乎所有的时间都是与父母共同度过的。父母的言行举止对孩子的个性行为、品德思想都有着较深的影响。从小养成良好的行为习惯，与父母的言传身教息息相关，父母会把自己的才智和智慧传给孩子，更会把勤劳节俭的品质带给自己的孩子。"书香门第""知书达理"这些词，都是对家庭教育最好的描绘。案例中的孩子，生活中很多不良习惯的养成，除了父母疏于管教外，还有一部分原因在于父母在孩子面前的行为不合格，长期潜移默化地影响了孩子。所谓"上梁不正下梁歪"，父母是孩子学习生活中的一面镜子，一言一行都会悄然影响孩子综合素质的提高。

二、无规矩不成方圆

心理学研究显示：儿童阶段养成良好的行为习惯，对提升综合素质非常有益。孩子也会因此变得积极向上，在提高学习和生活质量方面发挥着不可估量的作用。案例中的孩子没有养成良好习惯有一个很重要的原因，就是父母没有给孩子树立规则意识。所谓无规矩不成方圆，方圆是一个统一的行为准则，有方圆才有一个可以遵守的准则。让孩子确立规则意识是指，将为人处世的标准法则置于其深层心理结构中，并使其言行举止自觉与之相一致。规则意识的养成并非一蹴而就，这一长期养成与凝聚的过程源于文明礼仪的积淀。文明礼仪教育对于孩子而言，比知识文化的学习更为重要。因此，要想规范文明礼仪就必须指导孩子从周围的一点一滴做起：少抛一张纸、少吐一口痰、多孝敬长辈、不践踏花草、多关心别人、多为别人着想、少要求别人、多为别人付出。让孩子在生活中，努力做到言行合乎道德标准，从而提高自身的综合素养。

那么，作为父母，如何帮助孩子养成良好的学习、生活习惯和文明礼貌习惯呢？首先，我们来了解一下习惯的定义、作用和基本规律。

（一）什么是习惯

习惯是人本身的一种行为倾向，一种自动化的行为，类似于条件反射，在某种环境的刺激下做出的应激反应，一个人在经过中长期（21天）的训练后，就会适应这种状态，90天后便成了习惯。习惯，亦指长时期内，经过不断地重复实践而形成的固定行为。习惯并非与生俱来，而是在长期反复实践中产生的比较稳定的行为。其基本特征包括两种：一种是习惯成自然，指因经常接触到某一新情况，逐渐适应了；另一种是指，在长期反复实践过程中所产生的一些行为。

（二）习惯的作用

习惯属于一种惯性，是在相当长一段时间内逐渐形成的一种带有一定规律的行为，同时一旦形成想要改变就会较为困难。习惯是慢慢养成同时不容易发生改变的行为，既不需要什么特别的想法，也不需要特别的努力，更不需要来自他人的监督，会自然而然地反射出：在怎样的情况下做出什么样的行为。如果一个人能够养成良好的行为习惯，那么他相对于那些尚未养成良好习惯的人而言，无疑拥有了更多的能量储备。著名教育家叶圣陶先生曾说过："养个好习惯，胜过积千累万"。对于生活而言，好的习惯还是一种道德资本，良好的行为习惯一旦养成，将成为人生活中一种占据主导地位的积极力量。所以，习惯对孩子的整个成长生涯有着举足轻重的作用，无论是在生活中还是在学习中，孩子们都需要一个良好的习惯来作为必要的支撑和保障。

（三）习惯的基本规律

1. 习惯的养成具有长期性

良好的习惯不是一蹴而就的，需要长期的意识灌输和行为矫正，只有长期坚持下去，孩子才能容易养成良好的行为习惯。案例中的孩子正处于对人和事都充满好奇心和求知欲的阶段，因此，父母在生活中更应注重培养孩子正确的价值观，长期浸润在一个良好的氛围中，让孩子养成良好的行为习惯。

2. 习惯的养成具有渐进性

习惯是一点一滴积累形成的，其养成具有渐进性。针对案例中的孩子，正处于良好习惯的培养阶段，父母可依据孩子的心理发展特点和认知规律，在日常互动中渗透良好的行为习惯加以训练，让他们从被动接受知识向主动探究转化，从麻木模仿向灵活运用转化，从单一行为向综合素质转变，从而养成良好的个性行为习惯，进而促进孩子自身素质的全面发展。同时，父母也要注重在日常生活中对孩子的情感熏陶，激发孩子自我改善的意识和动力。

3. 习惯的养成具有反复性

好的习惯须如同孩子记忆课文时反复背诵一般，也需要自身反复强化，才能产生深刻的记忆。如果忽视该方面的强化，孩子由于年幼，对事物的印象不深刻，就容易出现好习惯与坏习惯不断转换的现象。如果父母不能及时帮助孩子强化习惯的培养，那么将会影响习惯养成的效果。因此，父母应根据孩子的特点结合实际情况，采用合理有效的教育方法，及时帮助孩子强化习惯养成，培养其良好的习惯。

4. 习惯的养成具有自律性

一切行为的改变都要通过自我意识的觉醒和日常时不时地对自己进行暗示来实现。好习惯也是需要提高自身自律性才能顺利培养和维持的，这其中最关键的就是让孩子知道什么是正确的生活方式。在孩子的日常生活中，父母应该多给孩子一些提示，使其能够更好地了解到这些行为背后所隐藏的意义，并将之与自己的内心想法紧密结合起来。

5.习惯的养成具有可变性

习惯的养成也是一波三折的，常常在好与坏之间切换，所以在习惯养成教育上必须讲究策略。父母应积极学习家庭教育的相关理论知识，帮助自己在教导孩子的过程中树立科学、正确的观念，遵循客观规律，在不断的尝试和积累中获得正确的家庭教育方法。

【睿智方法】

一、身体力行——"行"

律人先律己，处处为子女做表率。任何要求孩子做的事情，父母都应该自己先做好。只有先自律，给孩子做好表率，才能在孩子心中树立起一个值得信赖和尊敬的父母形象。尤其对于日常琐事，即便是一件小事，也不能在孩子们面前显露"不拘小节"或恣意妄为等不当行为；掐灭"成人之事，小孩子少计较"中对孩子产生的不良影响。例如：在过马路时，作为父母，应自觉遵守交通规则；保护城市环境卫生；与他人说话时要用文明用语；对待朋友要相互理解包容、友好相处等。再如在餐厅用餐时，服务员态度不友好，可以安慰自己并和孩子说，服务员态度之所以不好，也许是因为他心里也有不愉快的事，比较累，我们应该理解。或者，骑车送孩子去学校时被人轻蔑超车，可以告诉孩子，大家都忙着上班，这种情况可以理解。要让孩子注意到你是如何自我安慰的。父母在日常生活中必须处处为孩子做出正确的榜样，让孩子"有样学样"。

二、人生而平等——"平"

作为父母，要将自己置于与孩子人格平等的位置上，与孩子谈论心理和行为上的一些偏差时，要有"蹲下来看孩子"的意识。父母应站在孩子的角度看待问题，了解并分析问题出现的原因，并用孩子能理解、接受的方式来帮他们进行相应的改正。不掺杂任何成人的偏见，如果以成人的想法武断地妄下结论，甚至用简单粗暴的行为方式来处理问题，这样只会失去与孩子沟通和了解他们内心真实想法的宝贵机会。也可能使孩子失去对父母的信赖，导致孩子自我封闭。甚至会让孩子形成说谎、刻意隐瞒及见风使舵的毛病，进而失去教育孩子的最佳机会。

三、"正强化""负强化"——"强"

美国心理学家斯金纳的研究发现，人类或动物为了实现目标，会对环境采取一定的行为，如果行为的结果对他们有利，这种行为就会在以后重复出现；如果结果不利，行为就会减弱或消失。因此，父母可以运用"正强化"和"负强化"的方法，科学地引导孩子改正不良习惯。

正强化是一种方法，当孩子表现出某种行为或产生某种心理后，得到满意的结果，那么在面临类似情境时，孩子就更有可能出现该行为或心理。实际上，父母在孩子展示出期待的良好行为后，通过正强化的方式，可以提高相关行为的发生概率。

负强化则是另一种方法，当孩子出现预期的心理行为后，通过取消、减少、减弱、延缓令其感到不愉快的强化物，从而降低该行为的发生概率。这是因为，如果一个行为能让孩子避免或减轻面临的厌恶性刺激或情境，或者能防止厌恶性刺激的再次出现，那么这个行为的发生概率就会降低。孩子通过他人的行动帮助自己消除厌恶刺激形成的行为，属于负强化的一种，即社会性负强化；而孩子通过自己的行为产生自然结果以达到负强化的目的，则是自动性的负强化。

针对案例中的孩子果果，在纠正他的习惯时，父母可以尝试应用"负强化"的方法来对他进行惩罚措施。例如，该吃饭的时间点，不好好吃饭，父母告诫后还不吃的话，那就在过了饭点以后，把家里的所有食物都收起来，让孩子体会饿肚子的滋味。下次到吃饭时间点时孩子就会认真考虑后果，在该吃饭的时间点，好好吃饭了。到了晚上的休息时间，就要求孩子休息，不要继续学习了，让孩子明天跟老师解释。当孩子因为自己磨蹭的原因没有完成学习任务，而受到老师的责罚时，他就会明白是自己没有合理规划好时间的原因，下次就不敢再拖延时间了。当然，这需要父母坚持原则，千万不要因为孩子一哭一闹就心软放弃。

有专家研究表明：反复的行为强化和对某些行为的模仿，都可能形成一定的习惯。所以父母在日常与孩子的互动中，一旦发现孩子做出了正确的行为应当及时给予充分的肯定，并鼓励他们继续保持，如此往往能够得到很好的教育效果。当然相对应的，一旦发现孩子做出了错误的行为，应及时指出这种行为的错误之处，以便他们今后不再犯类似的问题。例如，学校在教学过程中，倘若学生出现违反纪律的行为，就会对其进行口头警告，告知学生这样做会引发不良后果。经口头教育多次不改者，进行相应的处罚并设定观察期，若学生在观察期内表现良好，可视情况撤销处罚。为了撤销处罚，被惩罚的学生会在观察期内尽量好好表现，不再犯错误。通过这种负强化的方式修正学生的不良行为。这就是"正强化"与"负强化"的合理运用。下面我们再来看一个关于应用正强化与负强化培养孩子阅读习惯的例子。

众所周知，阅读习惯是孩子学习中一个非常重要的学习习惯。下面，我们就以如何培养孩子良好的阅读习惯为例，谈谈如何科学地培养孩子良好的阅读习惯。首先，父母要树立榜样，自己先培养阅读的习惯，在家里留出一个专门放置书籍的空间，每天下班后抽空阅读、朗读诗歌。同时父母要坚持每天都阅读，然后才要求孩子做出改变。当孩子开始阅读时，应根据孩子的阅读量，给予不同层次的奖励，奖励可以是晚餐时多加一道孩子喜欢吃的菜，也可以是周末带孩子去游乐园玩。通过这种心理暗示，只要多读书，就能获得奖励，从而提高孩子的阅读兴趣。如果孩子今天没有阅读，则不给予奖励，并对孩子进行一些小惩罚，比如背诵两首古诗或罚站半小时等。通过正强化和负强化的综合运用，促进孩子培养良好的阅读习惯。对于阅读习惯，父母需要制定一个规则，用来约束自己和孩子，要求每天阅读一定量的书籍，并互相口头反馈所阅读的内容和文章的精神内涵。对于一些年龄较大的孩子，还可以要求每周写一篇读后感。如果哪位成员没有做到，就要接受小惩罚，如扫地、倒垃圾等，根据孩子的发展情况可以适度调整要求和惩罚力度。在这些综合举措的共同作用下，才能有效帮助孩子培养喜欢阅读的习惯。

在对孩子进行教育的过程中，还有一点尤为重要，那就是不能把自己的孩子与别人的孩子做比较。这种教育方法毫无益处。如今，很多人都在谈论"别人家的孩子"，充满了被歪曲了的教育观。其实，好的习惯、良好的品质是可以培养出来的，关键在于父母是否具备足够的耐心和爱心去发现孩子身上的优点和不足，并予以引导和帮助。不应该拿自己的孩子与别人的孩子相提并论，每个孩子身上都有独特的闪光点，父母要善于发现和挖掘孩子身上的闪光之处，这正是家长应该提升的家庭教育能力。父母应经常对孩子给予表扬与激励，让孩子每天都能进步一点点，借此促进孩子综合素质的全面发展。

四、家校共育——"联"

帮助孩子培养良好的习惯，离不开父母与老师的共同努力。家校构建教育合力是引导孩子形成良好行为习惯的关键所在。父母应结合孩子的年龄、性格和心理等情况，确定行为习惯养成目标，让孩子清楚自己应该做什么、如何去做，以及哪些行为不该做等。比如，在送孩子上学的过程中，如果地上有乱丢的口袋、瓶子等垃圾，鼓励孩子主动捡起来丢进附近的垃圾桶。在过马路时，如果遇到红绿灯，父母应该做好示范，自觉遵守交通规则，为孩子树立榜样。又比如，如果希望孩子改掉个性暴躁的问题，父母也要反省自己，从自己对待孩子的态度做起，适时调整好自己的情绪，以平和的方式与孩子沟通，并慢慢引导孩子改变。如果想让孩子热爱学习，家长也不妨让自己静下心来看书学习。如果想让孩子做事认真，父母自己也应做出表率，认真办事。如果想要孩子珍惜时间，改掉拖拉的毛病，父母就应该给孩子树立惜时的良好形象，并与孩子制定一个作息时间表，帮助他养成规律作息的良好习惯。

著名教育家叶圣陶先生曾说过："教育就是培养良好的习惯，这里的习惯不单只是学习习惯，还有各种行为习惯。"表1列举了小学阶段，父母应帮助孩子养成的良好习惯及实施建议。

表1　小学阶段养成习惯一览表

学段	具体习惯	实施建议
一、二年级	生活习惯：个人卫生、整理物品、锻炼身体、规律作息、及时改错	1. 早睡早起。 2. 自己穿衣服、系鞋带，整理书包。 3. 按时吃饭，不挑食，爱惜粮食。 4. 每天锻炼身体，坚持运动一个小时。 5. 用完的物品主动放回原位，整理自己房间的物品。 6. 父母应该树立榜样，每天打扫卫生，起到示范性作用。 7. 父母应对孩子进行监督，发现不良习惯，立即予以纠正。 8. 在父母的帮助下，制定生活作息时间表，并严格按照作息时间表执行。
	文明习惯：举止文明、遵守公德、诚实守信、爱护公物、遵守秩序	1. 会使用文明礼貌用语，主动向他人问好。 2. 文明如厕，不在公共场合打闹、大声喧哗。 3. 爱护花草和公物，不乱扔果皮纸屑，进行垃圾分类。 4. 不说谎话，遵守诺言，待人接物彬彬有礼。 5. 熟读《弟子规》，规范言行。 6. 遵守交通规则，不横穿马路，不在马路上打闹嬉戏。 7. 观看文明宣传相关视频，树立规则意识。 8. 父母言传身教，待人温和礼貌，为孩子树立榜样。
	学习习惯：学会倾听、制定计划、预习复习、整理书包、喜欢绘本	1. 不随意打断别人说话，与人交谈时看着对方的眼睛。 2. 每天收拾好自己的文具，整理好自己的书包。 3. 在父母的引导下及时完成学习任务，巩固练习。 4. 养成预习、复习的习惯。 5. 阅读绘本、故事书。

续表

学段	具体习惯		实施建议
三、四年级	生活习惯	个人卫生 整理物品 参与家务 规律作息 锻炼身体	1. 自己的事情自己做，不让父母操心。 2. 在家里主动参与家务劳动。 3. 自己制定生活作息时间表。 4. 能按照生活作息时间表执行。 5. 每天锻炼身体，坚持运动一个小时。
	文明习惯	举止文明 诚实守信 遵守秩序 诵读经典 礼貌待人	1. 经常使用文明礼貌用语，主动与他人打招呼。 2. 熟读《弟子规》《三字经》，规范自己的言行。 3. 传承中华优秀经典文化，诵读优秀经典古诗文。 4. 观看文明方面的公益宣传视频，培养文明意识。 5. 生活中做到礼貌待人，尊重他人，自觉遵守公共秩序，父母进行言语方面的奖励。 6. 父母言传身教，待人温和礼貌，为孩子树立榜样。 7. 真诚待人，主动关心他人，有自己的好朋友。
	学习习惯	学会倾听 制定计划 预习复习 喜欢阅读 学而不息 积极主动	1. 不随意打断别人说话，与人交谈时目光看着对方的眼睛。 2. 按学校课任老师的要求完成学习任务，有问题请教同学或老师。 3. 养成主动预习、复习的习惯。 4. 自主完成家庭作业，不拖延，并养成检查作业的好习惯。 5. 每天抽出半小时进行课外阅读。 6. 对学习始终保持积极向上的态度。
五、六年级	生活习惯	个人卫生 参与家务 整理物品 规律作息	1. 具备良好的卫生习惯，并能以身作则给弟弟妹妹树立榜样。 2. 主动承担家务劳动。 3. 自己整理房间，归类收纳物品。 4. 严格执行自己制定的作息时间表。 5. 父母依据孩子的表现进行奖惩。

续表

学段	具体习惯		实施建议
五、六年级	文明习惯	举止文明	1. 父母言传身教，待人温和，为孩子树立榜样。 2. 熟读《弟子规》《三字经》，规范自己的言行。 3. 传承中华优秀经典文化，积累背诵优秀经典古诗文。 4. 观看文明方面的公益宣传相关视频，时刻弘扬文明观念。 5. 生活中做到礼貌待人，尊重他人，自觉遵守公共秩序，父母进行奖励。 6. 在生活中，主动帮助有需要的人或有困难的人。
		诵读经典	
		诚实守信	
		遵守秩序	
		热心助人	
	学习习惯	学会倾听	1. 不随意打断别人说话，与人交谈时目光看着对方的眼睛。 2. 按要求完成每天的学习任务。 3. 养成主动预习、复习的习惯。 4. 自主完成家庭作业，不拖延，并进行检查的好习惯。 5. 不怕困难，适时调整情绪，对学习始终保持积极向上的心态。 6. 完成作业后自主阅读课外书，并能查阅相关的学习资料。
		学而不怠	
		制定计划	
		预习复习	
		自主阅读	

对于孩子良好行为习惯的养成教育，父母应采取科学合理的方式、方法进行引导，逐步提升孩子的综合素质，使他们能够在生活、学习中根据自身情况适时做出调整，从而让孩子的身心，健康、快乐地成长。切不可让孩子总是处于父母高压的状态下，众所周知，过度的压力对孩子的身心健康发展极为不利。父母应充分把握未来教育的发展方向，增加陪伴孩子的时间，努力培养孩子良好的行为习惯，使其在个人能力、综合素质方面不断进步，进一步提高孩子的学习水平和能力，为孩子未来的健康发展奠定坚实的基础。

【悦上活动】

一、判断

以下几种行为是否属于良好习惯?

1. 明明在地铁里发现鞋带松了,于是把脚放到凳子上系鞋带。（ ）
2. 小秋一放假就抱着父母的手机玩游戏。（ ）
3. 玲玲在超市购物总是自觉排队。（ ）
4. 小明每天写完作业后都会自觉阅读课外书。（ ）
5. 丹丹上课没听懂老师讲的课,课后作业随便应付了事。（ ）
6. 强强总是带《爆笑校园》与同班同学分享。（ ）
7. 东东做完作业,就拿出练字本练字。（ ）
8. 娜娜跟同学发生矛盾后,把同学的笔藏了起来。（ ）
9. 丽丽每天写完作业后,都要翻开书本回顾今天学习的内容。（ ）
10. 一位叔叔在医院的病房里大声地接打电话。（ ）
11. 一位阿姨在公园的草地上遛狗,小狗随意在草地上大小便。（ ）
12. 小雪找妈妈问问题,看见妈妈在讲电话,她等妈妈讲完电话以后,才跟妈妈交谈。（ ）

二、亲子活动

父母可以和孩子每天践行行为习惯记录表,每周总结一次。亲子之间进行约定,达到约定分值即可获得小奖励。孩子每天按照表格内容去执行,若有一项未能完成,则扣 10 分。一个星期做到约定分值,可以获得父母的小奖励一份。由父母和孩子商量换购孩子喜欢的学习用品、玩具、美食,或是外出旅行等。下面是一周内习惯行为记录表（每项 10 分为满分）。

表2　行为习惯记录表

时间	个人卫生	按时作息	文明礼貌	坚持锻炼	家务劳动	尊敬长辈	坚持阅读	主动预习	自觉复习	按时作业	小计	奖品
周一												
周二												
周三												
周四												
周五												
周六												
周日												

发现潜能　多元成长

【崇和课程】

小智是一名一年级的学生，他喜欢画画，并多次得到老师的表扬。

某天放学后，小智回到家，匆忙放下书包，随即拿出画画本，准备给今天的画作涂色。

妈妈看到小智在画画，立马急了眼并吼道："一天到晚就知道画、画、画，你看隔壁的晨晨成绩这么优秀，一回家就埋头看书，预习功课，在学习方面特别积极、主动，从来不需要父母操心。"

小智感到委屈："我就想画画，我就是喜欢画画嘛……"话没说完，小智便哭了起来，争辩声音也由小变大："我已经在学校读过今天学习的课文了。"

爸爸在一旁听到小智竟然敢顶嘴，火冒三丈地吼道："读过就可以了吗？全都会了吗？明天要学的课文读了没？画这些有什么用，赶紧去学习。"

小智顿时号啕大哭，无奈地进了书房，虽然手里拿着书，但是内心却游离在外，不是喝水就是上厕所，不是有小鸟吵，就是觉得风太大，坐立难安。爸爸在一旁看到这一幕，怒上心头："我一天到晚地工作，累死累活，还不是为了你吗？我就是因为小时候家里穷，没有学习的机会，如今就只能给别人打工。为了让你获得更好的教育，再苦再累我都愿意，只是希望你长大后不要像我们这样辛苦。"

妈妈这时过来安慰道："小智呀，要多读书才能认识更多的字，才能提高你的理解能力，以后你学东西就会容易很多，现在我们是一年级，可不能输在起跑线上呀。"

小智呆呆地看着书本，一脸的茫然……

案例中，小智父母羡慕邻居家的晨晨能够自觉学习，不需要家长操心，却忽视了小智擅长绘画的优点。因为每个孩子都有自己潜在的、独特的能力，也就是我们所说的"天赋"。只是我们缺乏一双善于发现的眼睛，然而一旦这种潜能被发掘并激发，将会为孩子注入无穷的能量。只有让成绩与被激发的多元潜能齐头并进，才能让孩子多方面发展。这样多元化的成长，会使孩子的未来更加可期。

案例中，小智的父母认为只有学习成绩好才有意义，将来才有出息。这种"唯成绩论"让他们忽视了孩子的个人兴趣，也忽略了多元化发展对孩子成长的重要性，只看重成绩，并用"强权政策"去要求孩子学习，这种方式不但不能让孩子爱上学习，反而可能适得其反。特别是对于低年级的孩子来说，因为这个阶段的孩子，兴趣是行为的强大驱动器。如同小智父母的做法，看似是为孩子好，实则是一种施压，最终可能导致小智对学习产生厌恶之情，甚至会对自己最爱的兴趣也厌恶。随着孩子年龄的增长，这种逼迫很可能使亲子关系变得紧张起来。

其实在现实生活中，像小智父母这样只关注学习成绩，忽略其他方面的家庭并不少见。也正是因为如此，教育"内卷"现象越来越严重，一度导致补习班遍地开花，越来越多的家长陷入焦虑，孩子苦不堪言。而孩子真正感兴趣的事情却没有时间进行，成为了只会为了读书而读书的"呆"孩子。虽然有的家庭发现孩子还需要其他学习机会，于是给孩子报各类兴趣班，但更多的时候，也是比较功利化。在择班时，家长更倾向于选择他们认为合适，对孩子未来有发展潜力的兴趣班，然后花费大量的时间和精力开发孩子的"潜能"，促使孩子学有所成。可这样的做法往往使得孩子对这类兴趣班的兴趣逐渐减退，甚至拒绝参加。

父母之爱子，则为之计深远。父母爱孩子是无疑的，为了孩子的前程，付出的诸多努力也是有目共睹的。可为什么父母如此"高瞻远瞩"，为了孩子的成长付出了这么多，孩子却不领情呢？

一、身心规律，不理

（一）不务正业没未来

在我们的实际生活中，有不少家长仍停滞在唯有读书才能有出路的误区。怎么读，读什么都由父母说了算。有些家长甚至已经为孩子将来从事的职业都铺好了路，完全没有考虑到孩子的身心发展规律。孩子的身心发展是一个由低级到高级、由量变到质变的连续不断的过程，因此对孩子也要由浅入深，由简到繁、由具体到抽象地教育。孩子的成长过程必然是依阶段顺序、逐步发展的。随着前期认知、学识和成长的积累，随着年龄增长，孩子所表现出来的行为、语言、交际等也是多样化的。俗话说"一口馒头不能撑坏人"，每个馒头吃下去的饱腹感也会略有不同，孩子的成长也是如此，看似没有太大变化，实则差之千里。

拿案例中的小智热爱画画的行为来说，他已经能够积极主动地去做自己喜欢的事情，并因此得到老师的认可。对于他来说，成就感十足，这样的内驱力会促使他更乐于参与其中，放学后就迫不及待地继续画画。而且儿童阶段本身就处于擅用画画或涂鸦来表达内心想法，或发泄，或表达情感的阶段。这是一种发自内心的、无声的语言。同时，也是想象力、创造力、审美能力得到无限发展的阶段。可以看出，小智的父母尚未完全接受孩子身心发展的阶段性对行为的影响，他们认为画画并非学习的表现，而是孩子"不务正业"，完全忽略了培养孩子其他方面的发展。对于幼儿和低年级孩子来说，这将大大降低孩子对学习的积极性，更有可能破坏孩子与父母之间的亲子关系。

（二）你的事情我做主

案例中，小智的妈妈斥责孩子画画无用，要求他立刻去学习，面对小智的委屈，父亲则认为小智是顶嘴，并火冒三丈地吼道："读过就可以了吗？全都会了吗？明天要学的课文读了没？画这些有什么用，赶紧去学习。"一连串的问句和命令，透露出了父母的态度——你的事情我做主。我们可以真切感受到的是面对父母强硬的态度，孩子的委屈无助，也探查到了父母的内心——唯有文化知识的学习才是学习，其他都是"不务正业"。其实，现如今，仍有不少父母是如小智父母一般，没有认识到除了读书，其他任何本领的获得过程都是学习。父母们对于孩子积极正面兴趣爱好的强行阻止，不仅是对学习定义的窄化，更是限制了孩子内在潜能的激发与发掘，使孩子失去发展各方面能力的机会，这样有可能会适得其反。

爱迪生一生只上了三个月的小学，他从小就被认为是低能儿，但是他对很多事物感到好奇，而且喜欢去尝试体验。母亲对他始终保持耐心与理解，一直在背后鼓励支持。爱迪生根据他的爱好全心投入研究和发明，成为一名杰出的发明家。从中，我们不难看出，一个人是否能够成才，决不仅靠学习成绩。所以小智的父母这样的做法是不可取的，他们过早地对孩子的兴趣和学习范围进行了局限化，使孩子失去了发展多方面能力的机会，这可能会适得其反。

我们都知道，每个孩子都是一个普通的个体，有些孩子天生就富有潜在的能力等待父母去挖掘，关键在于能否得到及早的开发。然而，父母却忽视了对孩子的观察和分析，没有细心寻找孩子的潜能，更没有耐心地引导和培养，给孩子创造适宜的学习条件，"点燃"孩子的天赋。小智目前对绘画表现出浓厚的兴趣和非同寻常的灵敏度，说明他对色彩搭配、空间构造、事物想象等方面的发展比较靠前。而对于一年级学生来说，大量的语言文字符号仍颇为抽象，因此大多数孩子对此兴趣不高。面对这样的情况，大多数父母就如案例中小智的父母一般，完全忽视了孩子发展上的不平衡性，总是怀着为孩子好的心态代替孩子做出所有决定，无视孩子内心真正的需求。

（三）忽视孩子不可取

案例中的小智是小学一年级的学生。对于这个年龄段的孩子而言，具体形象的事物会比单个的生字更容易激发起他们的兴趣。因此，相较于读书写字，或者文字描述，他们更倾向于用色彩多样、形态各异的图画来表达自己内心的情感和想法，这样做更简单，也更有乐趣。

每个孩子的成长步伐不一，需要量身定制，因人而异，循序渐进。可现实中，许多父母都有些操之过急。他们渴望孩子能像邻居晨晨一样在学业上出色，从而各显神通，只为达成自己心中所愿，却未曾考虑自己孩子的学习进度是否与那些学业优异的孩子一致。而孩子在这种与"别人家孩子"的对比中感到越发委屈和挫败，久而久之，可能导致孩子自我认同感降低，最后陷入"习得性无助"的怪圈。

每个孩子在每个阶段都有其独特的发展规律，这种规律是不以人的意志为转移的。有的父母急于求成，迫使孩子过早地奔波于各种各样的潜能开发，不仅不利于孩子潜能的发展，还可能导致孩子真正的潜力被埋没。而有的父母则希望通过孩子来实现自己曾未能圆梦的理想，让孩子背负他们的理想负重前行。案例中，小智的父母就将自己的想法强加给孩子，让孩子替代他们完成人生的理想。虽然看似寄予厚望，殊不知，这样的做法忽略了孩子的个人意愿，削弱了孩子的自我驱动力，结果也就可想而知了。

二、潜在能力，不少

父母作为孩子的第一任老师，应该努力成为儿童潜能开发的促进者，而不是拦路者。案例中的小智很喜欢画画，也是小智的兴趣爱好之一，而他的父母认为画画没有意义，否定了孩子的兴趣，导致孩子的情绪极度低落。他们完全忽视了小智对绘画的兴趣。我们常常会顺手为孩子做许多事情，殊不知因为我们的顺手和不放心，不仅让孩子失去独立能力，也掩埋了孩子动手操作的潜能。所以，父母作为儿童潜能开发的促进者，要想孩子更优秀，就应该多多"使用"孩子。

心理学家霍华德·加德纳提出了"多元智力理论"，认为每个孩子不仅拥有一项智能，而是拥有多项智能。例如，案例中的小智喜欢画画，他就具有空间智能、自然探索智能，他能根据自己的想象，用图画的形式表达自己的想法。所以，父母要多关注孩子，从观察中发现孩子的潜在能力。小学阶段是孩子学习最为长久的阶段，也是可塑性最强的阶段。让家庭成为第二个学校，让孩子有多元成长的机会。这与孩子所经历的家庭、社会、学习环境、经历等有着密不可分的联系。

三、你没天分，不行

孩子的潜能会随着自身成长、父母的指导和社会需求而发生不同的变化，这也是俗话说的"三百六十行，行行出状元"的缘故。我们常说"三百六十行，行行出状元"，这表明每个人的未来都是无法复制的，读书学知识只是让孩子的未来有更多的选择，而不仅仅是获得一份简单的成绩。让孩子未来有更多的选择其实在孩童时期已经奠定了基础。例如，洋洋同学是一名三年级的学生，老师就因为孩子长得可爱、有气质，选拔他来参加主持人培训班。在坚持培训的过程中，孩子也哭过很多次，觉得主持很累，但在老师和父母的鼓励和支持下，一直坚持着。小升初后，班主任得知他有主持的经验，所以每次开展活动都推荐洋洋担任主持，洋洋更是自信满满，对主持产生了浓厚的兴趣。后来，他最终成功考入某传媒大学播音主持人专业。这个案例显示了孩子潜能的发展具有可塑性。可塑性可以从三个方向出发：一种是孩子的潜能会随着自己的兴趣增长，在没有其他外因的影响下，这种潜能会跟随他的兴趣一直存在，由兴趣推动潜能发展，潜能促使兴趣不断增长，周而复始，孩子自身的潜能得到最大化的发展；另一种是孩子自身本并不具备某方面的兴趣，但父母发现其有相关潜能，于是加以无数次的重现巩固、加深训练，通过这种方式使孩子的潜能被进一步激发，最后在某一方面表现得特别突出；还有一种是当时的社会条件需要人具备某方面的能力，这时需要对孩子这方面的潜能进行打造，使其成为社会所需要的人才，为国家建设作出贡献。

那么，父母应该如何发现，并引导和激发孩子的潜能，促进孩子多元成长呢？

【睿智方法】

一、创造发现潜能的机会

（一）擦亮慧眼看孩子

孩子是每个家庭的未来。每位家长都对孩子的成长充满期待，尤其是看到别的孩子表现特别好时，很多家长都会很苦恼，那么如何挖掘孩子的长处呢？家长可以通过日常生活仔细观察孩子的行为。每个孩子都有其独特的之处，只有在不断的细致观察中才能发现。作为家长应带领孩子去探索生活和学习的不同领域，使孩子从众多的领域中找到自己感兴趣的事物。比如在玩游戏的过程中，家长可以察觉出孩子对某件事情的认真度和喜好，还可以了解孩子的性格趋向。家长要积极与孩子沟通，记录孩子的喜好，归纳出孩子的喜好发展趋向或孩子擅长的领域，再针对其中良好的喜好进行精心的引导和启发。

（二）倾心交流听孩子

俗话说"多一份交流，就少一份误解"。现代父母由于工作忙碌，很少与孩子进行沟通。甚至有些父母性格暴躁，孩子害怕与他们沟通，从而使孩子不喜欢与他人交流。这样就无法揭示孩子的内心世界，也失去了发现孩子潜能的机会。如果父母每天都能静下来倾听孩子，对孩子的性格和行为习惯有一定的了解，那么在沟通的基础上教育和指导孩子就容易得多。然而，沟通并非仅仅是说话，真正重要的沟通要素是倾听。父母应拓宽亲子沟通渠道，在倾听中让孩子能够真诚地表达自己的思想和情感。试着站在孩子角度考虑问题，理解孩子的感受，而不是期待孩子永远听话，等待孩子跟自己亦步亦趋。要相信孩子有解决问题的能力。

（三）给足时间陪孩子

关于如何陪伴孩子成长这个问题，相信每位父母都有自己的看法。很多父母认为孩子小时候无须陪伴，认为这个时候孩子还小，陪伴无关紧要，等孩子长大了再考虑，这种想法是错误的。父母应了解各阶段孩子的成长特点，悉心按照孩子的成长规律，耐心陪伴其成长。在陪伴的过程中能够见证孩子各方面的成长，发现孩子感兴趣的事情或者了解孩子开心快乐的心情，陪着孩子一起长大。如果孩子长期缺乏父母陪伴，会导致缺乏安全感和自信心。当孩子显露某种潜能时，父母若能及时发现，将更有利于孩子创造力的培养，这就是需要父母常常陪伴孩子的原因。陪伴的同时要和孩子一起开展创造性游戏，了解孩子成长过程中每一步的发展。父母是影响孩子健康成长最重要的因素，家庭是孩子最佳的成长环境，家庭中轻松、活跃氛围有助于激发孩子各方面的潜能，父母们要做个细致的观察者。

二、搭建发展潜能的平台

小李因身高出众被选入学校篮球队，由此燃起了他对体育的热爱。在持之以恒的努力下，毕业后成为了一名优秀的体育老师。其实，每个孩子都有自己的长处，有自己的喜好，作为父母，要学会用全面发展的眼光去看待孩子，不应将学业视为唯一。也不应仅与孩子讨论学习的相关事情，而从不与孩子交流学习以外的任何事情，使亲子关系紧张。父母了解孩子的喜好和性格特点后，应多给孩子创造一些展现自我的机会。例如，多带孩子出去走走，开阔孩子的"眼界"。让孩子感受世界，领略不同于课本的知识和风景，建立良好的亲子关系，与孩子共同探索不同区域的乡土人情和特色文化。这些对于孩子的成长都有着积极的作用，同时也开阔了孩子的视野，丰富了其对于外部世界的感知和认识。

让孩子提前做好准备，参与各项决策，提升孩子的参与度。因为孩子对一切新鲜事物充满好奇，所以能够更加自主地去学习和了解途中的事物。并鼓励让孩子用自己喜欢的方式记录所思所想，有助于拓展孩子的思维。所以父母不要总以没有时间为借口，错失孩子的成长。孩子的成长只有一次，错失当下将无法重来。

另外，在日常生活中，家长可让孩子多参与家务劳动。尽管生活条件优越，很多父母不愿让孩子参与家务，担心孩子做不好。实则家务劳动有助于锻炼孩子的动手能力，让孩子懂得感恩，懂得有责任心，可以培养孩子独立生活的能力，形成勤劳的作风，还可以调节四肢的协调能力。充足的劳动锻炼能提高孩子的生活技能，让孩子对生活充满自信。蜜罐里出来的孩子，在今后的道路上面对困难只会手足无措，没有独立的意识，所以家务劳动也是一个很好的平台。

三、构建激发潜能的环境

在给孩子搭建平台时，总能发现孩子的优势和兴趣所在。这时父母应及时肯定和鼓励孩子，以增强其自信心。例如，发现孩子洗碗洗得特别干净，父母应该予以肯定和表扬。孩子听后，眼睛自放光芒，是能感受到父母的语言充满着亲切和爱意的。孩子通过与父母分享洗碗的过程，会特别有成就感。因为他得到了父母的认可和鼓励。这激发孩子产生持续向上成长的动力，同时也促进其各方面的成长。

有些父母看到孩子喜欢画画就认为孩子的潜能是绘画，便急于用画画来培养孩子的潜能。其实在孩子对自己的兴趣爱好还未形成固定的思维模式之前，父母应该积极让孩子不断地去尝试参加各种各样的活动，包括美术、音乐、体育、思维逻辑的训练。通过不断的训练，孩子做事的信心才能够增长。潜能自然而然在自我探索中逐渐显露出来。再经过父母的鼓励和尊重，孩子的自信心倍增，孩子也会积极主动。积极的态度就是具备良好的心态，这样更有利于孩子的潜能开发。因此，在教育孩子的道路上要不断探究，父母要根据孩子的实际情况，结合孩子的身心发展来明确培养目标和要求，选择合适的教育方法。

四、增强展示潜能的勇气

众所周知，爱因斯坦在物理学上是一位天才，他曾言"天才是百分之一的灵感加上百分之九十九的汗水"。所以成功绝非偶然，要想成为优秀的人，必须秉承初心，砥砺前行，有着不抛弃、不放弃的恒心，相信未来是能靠自己的努力实现的。心有追求，行有所动，相信未来，低调奋斗，在孩子成长的过程中我们需要试问，我们是否知道他们最想做什么？他们能做什么？所以父母最好的教育就是让孩子做自己，父母要做的仅仅是帮助孩子挖掘内在天赋和爱好，无条件地支持孩子，让孩子获得自己的人生价值。

教育的本质不是培养优秀的人才，而是通过鼓励、启发，让孩子扬长避短，让孩子认识自己，了解自己的长处和短处，找到适合自己的土壤，更勇于展示自己，成为更优秀的自己。

【悦上活动】

培养兴趣，养成习惯，使其常态化。以各种方式记录孩子的潜能及优点的表现。例如，可以通过其作品直接呈现，也可通过短视频、日常打卡等方式记录并收集孩子的成长变化。

激发兴趣　发展特长

【崇和课程】

小欣是一名二年级的学生。从小小欣的父母对孩子尤为宠爱，更是花费大量时间、金钱和精力去培养孩子，让她参加了很多兴趣班。

一天放学后，小欣急忙跑来跟妈妈说："妈妈，我们班的小兰今天在学校运动会开幕式上跳了支中国舞，她跳得好美啊，就像一只花蝴蝶一样翩翩起舞。同学们和老师都觉得她跳得很好，跳舞时的她很自信，班主任老师还在班会上表扬了她……妈妈，我也想学跳舞，好不好？"

妈妈回答道："不行，跳舞没什么用处，我已经给你报名参加游泳班，游泳很重要，关键时刻可以自救。"

小欣不情愿地说："不要，我不想去游泳，我怕水。我就要学跳中国舞。"

妈妈坚定地表示："游泳不仅对身体健康有益，还能够在遇到水时保证自己的安全。而且将来中考可能都会涉及游泳考试。跳舞都是成绩不好的艺术生学的，再说你学了游泳有一技之长，以后玩水妈妈也不担心了。"

小欣哭着说："我不想学游泳，我只想学跳舞。"

妈妈态度坚决地说："你学什么由我决定，你懂什么，明天就去学游泳。"

小欣委屈地大哭："不去不去，我就不去。"

妈妈说："钱都已经交了，明天先去试试，不要哭了。"

小欣无奈地接受了妈妈的安排，第二天就去学游泳了。

几天后，小欣睡觉前突然说："妈妈，我不想学游泳"，然后就哇哇大哭。

妈妈问："怎么回事？"

小欣哭得更厉害了："我都说不学游泳，你非要我去学，每次学都会呛水，游泳教练也很严厉，我不要去游泳。"

小欣妈妈安慰道："学游泳呛了几口水很正常，教练也是希望你快点学会，没事，睡觉吧！"

隔天小欣说什么也不去，妈妈生气极了："有什么害怕的，你要坚持下去，不就是喝了几口水吗，过几天就好了。学个游泳都不能坚持，还想学跳舞，更学不好。"

但是，无论妈妈怎么说，小欣仍发脾气哭闹着说"不去，不去，就是不去……"

小欣想学跳舞，但是妈妈却希望她学游泳。后来在游泳学习过程中遇到困难后，她就更委屈了，最终情绪失控，大哭大闹。小欣的妈妈觉得跳舞没用处，坚持己见让她学游泳。小欣在遇到困难后，妈妈只是进行简单的安慰，未能真正了解到小欣的内心想法。尽管呛水是每个学游泳的孩子都会遇到的状况，教练严厉也是为了让她能尽快掌握技能。小欣的妈妈虽然给予鼓励，但是仍然让她不要轻易放弃，否则以后学什么都可能会失去耐性。

透过小欣这一案例，我们不难发现兴趣班的选择通常由父母控制，父母占主导地位。在为孩子选择兴趣班时，父母常以成年人视角考虑，常常忽略了孩子的内在需求和真实感受。因此，我们可以得出以下启示。

一、孩子的兴趣是什么

孩子是一个有思想且有独立人格的个体，那么作为父母，我们了解自己的孩子吗？我们能看到孩子的兴趣是什么吗？有些孩子在某一方面有特别的天赋，在日常生活中就能够显现出来。例如：有的孩子听到动感的音乐就会自然而然地跟着晃动；有的孩子非常喜欢涂涂画画；有的孩子在搭建积木方面可以创造很多不同的形状。那是不是代表着或许孩子在这方面有一定的天赋呢？作为父母，当我们发现孩子的闪光点时，是否会仔细观察，并与孩子沟通呢？是否会发现孩子的特长，并从孩子的兴趣着手选择适合他们的兴趣班呢？为人父母，一开始我们也不清楚如何教育孩子，很多事情都是在错误中成长，需要我们慢慢摸索。无论如何请记住：每个孩子都是独特的个体；教育需要用心，我们需要真正地了解孩子，了解孩子的真正兴趣，站在孩子的角度去解决各种问题。案例中小欣的妈妈可能没有观察小欣平时的爱好，对她喜欢舞蹈这件事也不是很清楚，或许她也不知道自己的孩子真正的兴趣是什么。

二、孩子是否有选择权

"双减"政策下，父母在为孩子选择兴趣班时往往倾向于艺术和体育方向。当前，艺术和体育兴趣班种类繁多，仅仅是舞蹈就有街舞、中国舞、爵士舞等。其他的篮球、乒乓球、国画、素描等更让人眼花缭乱，不知道如何选择。很多父母都是自己去帮助孩子选择兴趣班，选择标准也大多是自己认为比较好，比较有用，就想让孩子尝试。然而，大多数父母都忽视了孩子真正感兴趣的领域。父母也并未深入观察孩子是否具备某方面的天赋或兴趣。其实，兴趣班是孩子体验和参与的活动，不应由父母做主，一手包办。在是否上兴趣班，以及选择何种类型的兴趣班方面，孩子也应当拥有话语权，有自己的主张。作为父母，应尊重孩子的兴趣和需求，注重孩子的情绪和感受。就像案例中小欣的妈妈没有认真了解孩子的兴趣，也没有听从孩子的意见和建议。妈妈只是自认为学习游泳可以保护孩子，便强行要求孩子学习，结果却适得其反，陷入两难境地。

父母应该尊重孩子选择的权利。对于类似小欣这样的情况，如果妈妈真心希望孩子学习游泳，可以以引导的方式给予孩子学习的机会，而非强迫。孩子有学跳舞的想法，父母也可以在经济条件允许的情况下让孩子尝试，或者先让孩子体验后再做决定。父母既要尊重孩子，也要进行合理的规划。孩子的生活属于他们自己，不能随意干涉其意愿。否则，容易导致孩子缺乏主见，缺乏个性。

三、父母主导，打击孩子自信心

当面对挫折和困难时，有的孩子表现出更大的勇气和韧性，而另一些孩子则会感到消沉，需要外界的支持与帮助。作为父母，我们应该是最了解孩子的人，因此需要花时间去观察和了解孩子。如果孩子有较强的自主性，父母应给予他们更多自由成长的空间。其实放手也是一种信任。

对于那些害怕困难的孩子，父母需要给予更多的自信和鼓励，积极地帮助他们，看到孩子的进步，给予肯定和鼓励，以增强他们的自信心。案例中小欣在学习游泳时，父母应该给予孩子一个具体的、描述式的鼓励，指出她在哪个方面取得了进步，而不仅仅是说一句"你很棒"。例如："小欣，我注意到你今天积极主动地练习了老师教的划水动作，非常棒。妈妈希望你能坚持下去，相信你肯定能学好。"或者，在孩子取得一个小突破时，给予启发式的鼓励："小欣，你今天好像学会了如何用脚蹬水，你感觉怎么样？你是怎么做到的呢？"

这些小小的鼓励可以为孩子埋下兴趣的种子，并慢慢生根发芽，给予他们面对困难和挫折时前进的力量。请记住：每个孩子都是独特的。永远不要以别人的孩子作为评判的标准，否则就很容易陷入与孩子对立的境地。

【睿智方法】

兴趣培养没有固定的起跑线，只要开始，就永远不晚。毕竟兴趣影响一个人的气质、理想和信念。众所周知，大多数人的兴趣并非天生具备，而是在后天的生活中不断培养和形成的。很多父母都希望自己的孩子能在某个领域脱颖而出。因此，他们希望通过让孩子参加兴趣班的方式培养孩子各方面的爱好，以期将来能够有所长。但是有时候却适得其反，不仅没有提高孩子的兴趣，反而让孩子越来越反感。究其根本原因在于父母缺乏发现孩子兴趣的眼光，没有运用正确的方式和方法去激发孩子的兴趣，培养其潜能，发展其特长。以下是一些激发孩子兴趣，发现孩子潜能的方法。

一、在实际生活中关心孩子，找准孩子的兴趣和天赋

（一）抓住孩子发展关键期

艾琳·凯迪曾说过："每一个人都是独立的个体，独一无二，无法复制。"这意味着每个孩子都是独特的存在。同样是学习，为什么有些人越学越喜欢，有些人却越学越不想学呢？有些人小时候学得又快又好，但是长大后就觉得吃力费劲。其实这是因为在不同阶段每个人的身心发展都具有个别差异性和不平衡性，不同的人之间是不一样的。这就要求我们因材施教。同一个人在不同时期、不同阶段的发展也是不一样的。因此，我们需要抓住孩子发展的关键期。

孩子的成长具有一定的规律，不同阶段有不同的关键要素。作为父母，我们需要抓住孩子的关键期，在这个关键期为孩子提供正确的培养方式和方法。例如：在体育锻炼方面，运动习惯的养成主要发生在幼儿阶段和小学阶段，所以作为父母，我们应该积极鼓励孩子参加户外活动。有条件的家庭应该让孩子至少练习一种体育项目。如果错过了这个年龄段，孩子的身体柔韧性和协调性都会大大减弱。

（二）观察孩子的外在表现，找准孩子的兴趣点

德国汉堡的心理学家格利卡·法斯曾说过："小孩自愿做的和给自己带来乐趣的事情，实际上可能是提前发出他们有这方面天赋的信号。"因此，父母在陪伴孩子时应多留意观察孩子。比如有的孩子听到电视里有人唱歌，就能跟着哼唱。根据多元智能理论，这可能表明孩子在音乐方面具有潜力，父母可以在音乐方面加以培养。又比如有些孩子"自来熟"，非常开放，

喜欢问各种问题。根据多元智能理论，这可能意味着孩子在语言能力和人际交往能力方面具有潜力，父母可以在这两个方面进行重点培养。例如演讲、表演或需要团队合作的体能项目都可以考虑。这些举动都是孩子释放出的"个性化"信号。聪明的父母必定擅长观察，并用心捕捉孩子释放的信号。

二、坚持尊重孩子的选择，激发孩子的兴趣

父母要留心观察孩子，了解孩子哪方面的智力较为突出。逐渐地，父母就能察觉到孩子的兴趣所在。如果这些兴趣恰好处于孩子发展的关键期，建议可以先着手营造一些外部条件，让孩子有机会进行系统化的学习。这时，父母可以选择高质量的兴趣班来合理引导孩子，并带孩子参加相关的体验课，让他们在专业老师的指导下融入课堂氛围，进而激发孩子的学习兴趣。当然，一些父母担心孩子学得太多、太杂。其实，孩子的兴趣爱好通常比较广泛，也容易变化，这是正常的。我们很难准确判断孩子的兴趣和潜力，因此，只要孩子愿意，只要条件允许，可以让他们多尝试、多体验、多感受。如果孩子学习一段时间后失去了兴趣，可以尝试以下几种方法来重新激发他们的兴趣。

第一，父母可以在家里或户外主动营造相应的学习氛围以激发孩子的兴趣。也可全家一起互动，增加孩子的参与度，提高他们的兴趣。

第二，父母可以通过绘本阅读来激发孩子的兴趣和爱好。现在学校也推荐绘本阅读，无论是数学、语文还是科学等领域，绘本都是一个很好的选择。通过绘本，我们可以帮助孩子发现他们的爱好和特长，而且在阅读各种各样绘本时，只要仔细观察孩子的反应，就能发现他们的兴趣点。当孩子频繁展现出对某些内容的倾向，或对某类绘本有特别偏好时，说明他们可能在该领域拥有兴趣和天赋。所以，绘本阅读也不失为一个激发孩子阅读兴趣的有效途径。

例如：有的孩子观察能力特别强，能够注意到很多我们忽视的画面细

节；有的孩子擅长记忆、联想，能在生活中找到绘本中看到的相似画面或情节；有的孩子想象力非常丰富，擅长自己编故事，喜欢将绘本中的画面画出来；有些孩子喜欢动植物的绘本；有的孩子一读到科普类的绘本就聚精会神……

绘本有多种分类，如语言启蒙、数理逻辑、艺术启蒙、情商培养、户外探索等。父母可以通过绘本让孩子了解更多的领域和知识，产生愉快的刺激和尝试的冲动。而作为父母，需要做的是通过长期近距离观察和记录，总结孩子的优缺点，借助绘本扩展孩子的兴趣和特长。

一般来说，坚持三年以后，通常就能了解孩子在哪方面较为擅长。我们这时就应该鼓励孩子坚持下去，因为任何一个兴趣要想稍微做出点成绩，必定需要长时间的学习，三天打鱼两天晒网并不能让兴趣变为特长。一般来说，坚持6~7年才会稍显成就。就像奥运冠军苏翊鸣一样，如果没有坚持自己对滑雪的热爱，也就不会成为奥运冠军了。

三、坚持鼓励孩子，将直接兴趣转化为间接兴趣

大多数父母都希望孩子未来能够取得一定的成就，因此都希望为孩子培养一些兴趣爱好，并报名参加兴趣班。其实要将孩子的兴趣转变为特长是相当困难的。大部分人的学习兴趣并非天生，而是在后天的生活或学习过程中逐渐培养形成的，需要各方面力量的支持，使孩子的直接兴趣变为间接兴趣，从而将孩子的兴趣和天赋转变为特长和技能。具体措施如下。

（一）保持兴趣爱好

许多父母给孩子报了兴趣班，但一段时间后孩子就不想学了。父母反映很多的孩子都表现出"三分钟热度"，并非真正的喜欢。其实做任何事都会经历从一开始的新鲜感到渐渐厌烦的过程，这是一个过渡期。有时学习遇到瓶颈，或没有突破的时候，孩子们常会有放弃的念头。因此，当父母发现孩子的兴趣爱好之后，要善于引导孩子更好地发挥自己的兴趣爱好，鼓励孩子保留那一份兴趣爱好。例如，如果孩子喜爱篮球，父母可以在周

末抽出时间和孩子一起打篮球，让孩子感受到父母对其兴趣的认可和支持，使孩子意识到父母一直在关注其成长，并在互动中更好地理解孩子所遇到的困难，提出有效解决策略，帮助孩子克服困难。当孩子获得父母的肯定和鼓励后，孩子将更有信心，将自己的兴趣爱好坚持下去。相信孩子慢慢就会改变"三分钟热度"的情况，真正将喜欢的兴趣爱好发挥到淋漓尽致。

既然选择了一个兴趣，作为父母，我们应至少鼓励孩子坚持一年。因为不到一年的时间，根本无法判定孩子是否真的具备某领域的潜力。有的孩子仅学习两个月就想放弃，短的时间学习根本无法判断孩子是否真的没有兴趣了，还是只是到了学习的低谷期。我们可以想象，在父母身上是否也曾遇到这种情况：有时候很喜欢一件事，但稍遇困难便选择放弃，日后却后悔当初没有坚持。为避免孩子以后后悔，父母一定要勤于思考如何最大限度保留孩子的学习热情，并尽可能地让孩子懂得坚持。帮助孩子度过这个倦怠期，可采取以下措施。孩子刚开始学习跳舞时被鼓励包围，自己也信心满满，但随着时间推移，新鲜感消退，紧跟着就是机械地压腿、下腰，慢慢地难度加大，孩子开始怀疑自己能否做到，逐渐产生畏难情绪，甚至想要放弃。此时，父母若只是一味地责备"当初是你自己选的，怎能退缩"，或者只是一味地鼓励："加油！学习需要坚持，再坚持一下看看。"这些话孩子基本不会听进去。其实最重要的是父母要帮助孩子找回自信，让孩子相信自己能"胜任"。例如，父母可以说"我也想学压腿，你学过了，快来教教妈妈"。通过这种方式，孩子慢慢地也可以重拾信心。

众所周知，任何技能的学习都会有倦怠期或低谷期。上述方法能帮助孩子更加轻松地度过低谷期，若孩子能将低谷期顺利渡过，便会找回自信，学习也将迎来高潮期。身为父母既要随时关注孩子的精神状态和心理状态，也应该对他们抱有信心和支持，孩子的能量有时远超乎我们的想象。

（二）增加抗压能力

现在的孩子普遍抗压能力低下，许多孩子习惯依赖父母，所以当他们面对失败或错误时，很多父母往往会选择批评孩子不够努力、不够坚持等。

然而，这种负面评价不仅没有效果，更无法解决问题。俗话说"失败是成功之母"。这启示我们：作为父母，应当容许孩子犯错或失误，并认识到并非所有的尝试都能成功。在孩子遭遇失败时，父母应协助他们寻找失败的原因，学会接受失败。因为只有接受失败，孩子才能得以更好地成长。要知道生活并非一帆风顺。我们要告诉孩子每个人在不同阶段都会遇到挫折，当孩子遇到挫折时，父母应引导他们正确面对困难和挫折。帮助他们将兴趣爱好坚持下去，提升他们的抗压能力。

（三）选择合适的辅导老师

如今社会机构中涌现出众多辅导老师，父母需审慎甄别优劣。当下，孩子的心理健康教育尤为重要。因此老师的教学方法应符合孩子的身心发展规律。一般来说，应根据孩子的个性倾向、喜好和接受程度，选择合适的辅导老师进行教学。每位老师都有自己的特色，都有自己不同的教学方法，不同的方式方法常常会引发孩子不同的学习态度，产生不同的教学效果。优秀的老师能够对孩子今后是否能够持续喜爱某种兴趣产生深远影响。更重要的是，父母应该了解辅导班老师对待孩子的态度，避免参加压力大、态度苛严、竞争激烈的纯技能考级班，给孩子造成心理压力那就得不偿失了。

父母应尊重孩子的选择，结合孩子的兴趣爱好有针对性地选择兴趣班，培养其特长；但也要考虑孩子的承受能力，不能让孩子每天都忙忙碌碌，也要有休息玩耍的时间，我们作为父母应尽量多给孩子时间和自由。当然，从长远发展的角度看，培养孩子一两门特长是可取的，对于以后的发展也会有更多的选择。但是，如果孩子在学习兴趣班时感到无法喘息，每天被压力紧逼、感到难受和痛苦，那么及早停止可能比坚持更有益。孩子的天性本就在于在玩中学习，不能强加给孩子一些不属于现阶段的东西，以免为其造成不必要的压力。

【悦上活动】

一、自测题

请父母通过对照孩子的日常行为，帮助孩子选择兴趣爱好，推测他的兴趣所在，有以下20种对照行为。

表3　孩子的日常行为

1. 他（她）喜欢背诗或读故事书。	2. 他（她）能时刻照顾到别人的情绪变化并作出合适反应。
3. 他（她）特别喜欢角色扮演，或者自己编故事。	4. 他（她）方向感很好，很快分清东南西北。
5. 他（她）四肢协调，能随音乐有节奏地律动。	6. 他（她）爱思考，经常对生活中比较常见的问题进行提问，比如为什么太阳早上升起，晚上落下。
7. 他（她）唱歌时音准很好。	8. 他（她）平衡感好。
9. 你如果说话时用错词语，他（她）会及时给你纠正。	10. 外出旅行时，他（她）能记住沿途标记。
11. 他（她）喜欢听不同乐器的声音。	12. 他（她）喜欢讲故事。
13. 他（她）常说这个像什么东西那个像什么东西。	14. 他（她）善于把事情和情感联系起来。
15. 他（她）善于把一些杂乱的东西按类摆放。	16. 他（她）善于模仿动物的一些动作。
17. 他（她）喜欢听音乐。	18. 他（她）常常问诸如"我是谁？""我从哪里来？"这样的问题。
19. 他（她）方向感很强，路线清晰。	20. 对别人能完成与不能完成的事他（她）能做出准确的评价。

（1）如果孩子在1、9、12条表现突出，说明他（她）可能具备优秀的语言天赋。这类孩子善于表达和具备较强的逻辑思维能力，父母应该购买一些与语言相关的书籍，帮助他们丰富知识，加强内涵培养。

（2）如果孩子在7、11、17条表现突出，说明他（她）可能具备出色的音乐天赋。这类孩子对音乐特别感兴趣，喜欢听音乐或哼唱，只要有音乐出现，他就会比较专注。这表明他的音乐才能比较突出，父母可以引导孩子接受专业的音乐教育，更好地将兴趣转化为专业才能。

（3）如果孩子在6、15、18条表现突出，说明他（她）可能在数字和逻辑方面具备出众的天赋。这类孩子未来在理科方面可能有更突出的表现，他们善于发现和研究事物。为了提升他们的逻辑思维能力，父母可以为他们选择一些思维类或科学类的书籍。

（4）如果孩子在4、10、19条表现突出，说明他（她）具备良好的空间智能。这类孩子富有想象力，对绘画、机械组装等活动有浓厚的兴趣。父母应多带他们旅行，让他们多画一些建筑类的作品，也可以从小让他们学习乐高或一些工具的组装，以提升他们的兴趣和能力。

（5）如果孩子在5、8、16条表现突出，说明他（她）具备很好的运动才能。这类孩子身体协调能力较强，父母可以引导孩子在运动或舞蹈方面发展。

（6）如果孩子在3、16、20条表现突出，说明他（她）具备良好的自我认知才能。这类孩子常常拥有自己独特的思维方式和较强的创新能力，父母可以引导孩子多进行写作或组织小活动，以更好地发挥他们的才能。

（7）如果孩子在2、10、13条表现突出，说明他（她）具备良好的沟通才能。这类孩子常常对自我和他人做出判断和反省，具备与人交往、沟通、组织方面的潜能，父母可以经常鼓励孩子说出一些自己的想法，以帮助他们更好地发展这方面的能力。

小结：每个孩子可能在不同领域表现出突出的能力。如果条件允许，我们可以先让孩子尝试不同领域的活动。当然，无论是做什么事情，想要成功都需要一定时间的积累，最好的结果就是能将孩子的天赋由兴趣转变成特长。

二、情境分析题

小红就读于小学一年级，小红的妈妈发现朋友家的孩子都报名参加了很多兴趣班，为了不让孩子输在起跑线，也没有征求小红的意见，便擅自为小红报了三个兴趣班。"双减"政策下，一、二年级的学生也没有作业，小红每天被妈妈安排得满满的，其中包括练一个小时琴、画一幅画、跳半小时舞。小小年纪的小红每个周末都在兴趣班中度过，她特别渴望像其他孩子一样周末去游乐场玩，或者去爬山，去郊游野餐。可是周末她除了上课就是完成妈妈安排的小任务。一天小红觉得有些不舒服，不太想去练舞，但是小红的父母却不以为意，觉得孩子是在找借口，坚持送她去跳舞班。直到她在兴趣班里难受得大声哭了出来，小红的父母才发现孩子压抑了很久，而且未得到释放。

面对这样的情况，如果您是故事中小红的父母，接下来应该怎么做呢？

生命至上 共同呵护

【崇和课程】

炎炎夏日，妈妈叮嘱乐乐午饭后要睡午觉，睡醒后预习课文。乐乐听话地点了点头答应，妈妈便安心地去睡午觉了。乐乐见妈妈进房后，便给洋洋打电话，还威胁洋洋说道："你要是不和我一起去公园玩，你就不是我的好朋友了！"洋洋便只能答应乐乐和他一起外出，一同前往公园旁的小河边。

下午两点多，妈妈午觉醒来准备让乐乐起床预习功课，走进乐乐房间没有发现孩子，随后又去厕所敲门也没发现孩子的踪迹。

"乐乐！乐乐！"妈妈大声叫起来。全家都被惊醒了，大家都不知道乐乐去哪儿了，这时才着急起来。

"报警！报警吧！"奶奶完全坐不住，一直不停地说。

"先别急，乐乐有可能去洋洋家了。"爸爸急忙安抚奶奶。

"我打电话问问洋洋妈妈。"妈妈赶紧拨通洋洋妈妈的电话，洋洋妈妈说乐乐并不在她家，洋洋也出去玩了，这下大家真的慌了神。"我去查一下小区监控。"爸爸赶紧跑去小区保安室，请保安调取监控录像。在监控里发现乐乐一个人搭乘电梯离开，小区大门的监控则发现乐乐与三个小朋友一起往公园方向走去。"我知道乐乐去哪了，他去公园的小河边游泳去了。"妈妈赶到保安室对爸爸说，"乐乐这段时间一直缠着我，说他和小伙伴约好了要去游泳，让我带他去。"

"我想起来了！他曾向我提起过，这个兔崽子，看我不揍他，竟敢私自和小朋友去！"爸爸气急败坏地说着。

"你也是，乐乐既然早就跟你说了，你为什么不答应？"爸爸边指责边向公园跑去。

"他不也向你提起过吗，你为什么不带他去？只知道责怪我。"妈妈想也不想地回答道，连忙追了过去。

在生活中，孩子无视安全风险、私自外出玩耍的现象颇为常见。正是因为这种现象的存在，我们常会看到因孩子独自外出而导致意外频发的新闻报道。据调查研究，我国每年非正常死亡的中小学生约有1.6万人。这是一个相当可怕的数字，这代表着约1.6万个家庭的悲剧。具体导致家庭陷入不幸境地的原因究竟是什么呢？

一、生命教育的缺位

一些父母对孩子的生命教育严重缺位。一方面，忌讳谈论"死亡"，认为这是"不吉利"的话题，传统思想根深蒂固；另一方面，父母们对孩子的照顾无微不至，过度保护孩子，竭力排除孩子身边所有的危险因素，却忽略了孩子在成长的过程中父母无法时刻陪伴在身边的现实，导致很多小学生无法正确认识和理解生命的意义。

二、孩子对于生命意义不明确

（一）敬畏生命

孩子对整个世界充满好奇，需要通过不断探索来认知整个世界，而他们对生命的意义是模糊的，不懂得珍惜自己的生命，甚至会累及他人的生命。就如同案例中的乐乐，自己想去公园的河边玩，还要威胁洋洋陪同。

生命的诞生是一个从无到有的过程，应教育孩子学会敬畏生命。我们应更加珍惜这微小如尘埃的生命，无论是小动物还是植物，都有其生命，都需要尊重爱护。案例中乐乐强迫洋洋与他一起去河边玩耍，强迫他人做一些他人不愿意做的事情，没有顾及他人的感受，也没有尊重他人生命安全，只为了想去河边玩耍取乐，这就是缺乏尊重生命的观念。

要让孩子认识到万物皆有生命，所有的生命都来之不易，生命有始也有终。但现在很多家长面对孩子提出的有关死亡的问题时，都会避而不谈，这种做法是错误的。我们对此应该要正面回答，引导孩子尊重生命，让孩子领悟生命的意义和价值。如带孩子扫墓时，孩子可能会询问有关逝者的事情，家长此时不应该说"以后不许提死字，不吉利""等你长大以后自然就知道了"等。而是应该科学回答，告诉孩子"还记得最爱你的太奶奶吗？虽然她已经离开这个世界，但我们都会永远怀念她、尊敬她，因为太奶奶活着的时候很爱我们，很努力地给我们大家带来幸福。"进行适当"婉转"表达。在回答孩子的问题时，也有过于直爽和过于隐晦的回答，比如"人都是会死掉的，这很正常""太奶奶没有死，只是睡着了"等，这样的回答无法让孩子真正明白死亡是什么，故而就不太恰当了。家长应有意识地对孩子进行"死亡教育"，并通过这种教育让孩子更加深刻地理解活着的意义，帮助孩子用"科学的死亡观"来树立积极的人生观。家长可以帮助孩子更具体、更客观地了解死亡，告诉孩子"人死了，就是身体不能活动了，没有呼吸、心跳，不能玩游戏、吃糖果，也不会感觉到寒冷、饥饿了"。通过这样的说明孩子才会理解死亡是什么，只有孩子理解了死亡，才会让孩子更深切地认识到"生命和活力不是永恒的，我们要珍惜现在的美好生活"。从而达到让孩子爱护自己生命和爱护他人生命的效果。

（二）敬畏自然

众所周知，夏季是溺水事故易发高发期，在孩子们享受快乐暑假的同时，家长们务必重视孩子的安全防护。很多孩子看到清澈见底的水面，就会迫不及待想要下水体验。然而，如今多数小朋友脑海中都没有树立"野外水域很危险"的安全意识，实际水域情况与视觉判断会存在很大差异，随时可能夺走孩子们的生命。

案例中的乐乐去河边游泳，单纯地想着玩乐，孩子没有意识到在无安全设施的场所游泳所面临的危险。七八月正值炎热的夏季，雨水较多，河水充足，通常夏季的雨水都来得比较突然且雨势较大，河流的变化也非常迅速，危险来临时是非常迅速的，即使成年人也无法确保自身安全，更何况是孩子呢！家长必须让孩子意识到大自然是可亲、可爱的同时，也会伴随着危险。人类在大自然面前是渺小的，要时刻敬畏大自然，不可亵玩大自然。

三、孩子独立意识越来越强烈

案例中随着乐乐年龄的增长，他的独立意识不断增强，与父母的关系开始由依赖转向自主，从对成人权威的完全信服，到开始富有批判性地怀疑和思考。特别要注意的是，乐乐的父母之间的教育战线并没有统一，父母都是各管各的，一旦发生重大的事情，往往只会相互指责。因此，乐乐才钻到了"空子"，开始自己做出决策。尽管乐乐曾向父母表达过自己想去游泳的想法，但是父母双方都没有与孩子交流，也没有回应乐乐想要游泳这件事，妈妈甚至还安排了学习任务，无意之间压抑了乐乐内心深处的强烈欲望。虽然乐乐在妈妈面前并没有表露不满，但他逐渐对父母失去信任，父母的威信越来越低。相应的，父母对乐乐的教育影响也在逐渐减弱，因此乐乐内心才开始萌生自己的计划，并最终采取行动。在家庭缺失生命教育的情况下，孩子独立意识与生命意识不成正比例增长，孩子就可能做出缺乏安全意识的行动，无视自身安全，更没有顾及他人的生命。

父母是孩子的学习榜样，更要在孩子生命教育上达成共识，培养尊重生命、生命至上的观念，将这些价值观灌输给孩子。联合国教科文组织编著的《教育——财富蕴藏其中》提到："家庭是一切教育的第一场所，并

生命至上　共同呵护

在这方面负责情感和认识上的联系及价值观和准则的传授。"[1]生命从一开始就不可抗拒地接受着家庭教育中诸多因素的渗透和影响,在家庭中建立起热爱生命的意识,开始对生命的真切体验,对生命真、善、美的本真追寻。从某种程度上说,家庭教育塑造着生命的个性和品质,奠基着生命的价值意识和意义。践行家庭生命教育,首先要重视孩子的身心健康教育。家庭是实施生命教育的重要场所,父母要守护孩子的心灵花园,关注孩子的精神世界。

综上所述,生命教育伴随一生。关注孩子成长的一点一滴,父母要学会"理解、倾听、欣赏、激励"。关心有重点:关心生理成长,更关心心理健康。孩子优良品格要培养,"自尊、自信、自立、自强"都不能少。

【睿智方法】

生命是什么?对于孩子来说,这是一个很抽象的概念。我们可以使用较为科学的方式告诉孩子,利用绘本向孩子讲解新生命的形成过程,即精子和卵子结合而成的受精卵,它在妈妈的子宫里渐渐长大。要等待整整38周的时间才能从母亲的肚子中出来,成为一个可爱的宝宝。在这个过程中,我们要向孩子传达母亲在孕育宝宝时的艰辛,要经历孕吐、失眠、腰痛等不适的症状,让孩子们真正体会到生命的产生是一个漫长且艰辛的过程,进而认识到生命来之不易。我们要加倍珍惜自己的生命。爱惜自己生命的同时也要爱惜他人的生命。以下是一些激发孩子兴趣,发掘孩子潜能的方法。

一、针对不同年龄段孩子的生命教育

曾有学者提出"儿童死亡概念发展模式的三个阶段"。该理论认为,3~5岁的孩子处于第一阶段,他们认为死亡是一种离去,是可逆的、暂时的,

---

[1] 联合国教科文组织. 教育——财富蕴藏其中[M]. 北京:教育科学出版社,1996:96.

死去的东西还会回来；5～9岁的孩子处于第二阶段，他们认为死亡是可以避免的，只有被"死亡"（在他们的心中，死亡是被拟人化的）抓走的人才会死，而有些人是不会死的，比如英雄、幸运的人等；9岁以上的孩子处于第三阶段，他们知道死亡是不可避免的，是普遍存在的。由此可见，不同年龄阶段的孩子对死亡的理解程度有所不同，因此，家长需要根据孩子的年龄选择相应的教育方式，可借助一些辅助道具进行教育。例如，对于年幼的孩子来说，他们的理解能力和接受能力有限，家长可以通过阅读绘本的方式，让孩子了解死亡就意味着"不能呼吸、吃饭、走路、说话"等，也可以与孩子聊一聊"叶子的生命过程"，让孩子从中理解人类的生命过程。对于年龄较大的孩子，家长可以带他们观看一些暖心的电影，从科学的角度解释死亡，比如细胞老化、新陈代谢减缓等，让孩子明白死亡是很正常的生命过程。

二、日常渗透生命教育

相信在孩子很小的时候，老师和父母便会教导孩子爱护花草树木，但是部分孩子仍然无法做到，因为抽象的道理很难让孩子切身体验到、感受到，更难以理解。

（一）从自身做起

万物皆有灵，人类与大自然和谐共处的画面是那么的美好。父母在日常生活中，率先尊重并平等地对待身边的一切：友善对待家中的宠物，救助流浪猫和流浪狗，扶起倒下的树木，用心地浇灌花草。这类行为，一定会给孩子产生良好的影响，孩子会看在眼里，记在心上，最终内化为行动。身教重于言教，有爱心的父母培养出的也将是充满爱心的孩子。

（二）让孩子亲身体会

父母可以买一些小金鱼或小乌龟给孩子养，与孩子一同种植树木、浇花，到草地捡垃圾，一起给家中的小狗和猫咪洗澡，带孩子去森林公园，给孩子讲解一些动植物的实用价值等。这不仅是亲密的亲子时光，也提供了让孩子感受到植物和动物需要我们呵护的教育机会。同时，要让孩子明白，如果恶意追赶或伤害小动物，它们会惊恐、大叫，甚至反扑，以表达它们的不舒服、不喜欢。

（三）运用媒体，潜移默化

优秀的电影和书籍会悄然地影响孩子。父母可与孩子一同阅读相关绘本和书籍，观看动物电影和纪录片等。文字、图画、影像，会让孩子深受教育，并会对万物生出一份慈悲之心。例如，《我在雨中等你》中的金毛犬恩佐，一直见证了主人职业生涯的高光时刻，用一生回报主人的爱。

（四）温和教育，合理引导

家长要提高自身"敏锐的感受力和准确的表达力"，当发现孩子破坏花草树木或伤害动物时，要找到合适的途径，控制自己的情绪，而非指责孩子"冷漠无情"；相反，应握住孩子的手，温和地与孩子沟通，与孩子共情，询问孩子这样做的原因，是发泄情绪，还是其他原因。做一个合格的倾听者。如果孩子只是贪玩，可以引导其换位思考，让孩子想象遭受相同待遇时的心情，增强孩子的感受力；如果是发泄情绪，那么教导孩子其他合理有效的发泄方式。

三、教孩子保护自己的方法

当孩子意识到每一个生命都是可贵的时候，要教导孩子我们不仅要爱护一切的生命，更要爱护自己！但如何才能更好地爱护呢？父母应该教给孩子一些基本的防范措施。

（一）让孩子掌握基本的安全知识

举个例子，有一个8岁的孩子，看到灯泡发光时，自己找来了一个灯泡，用金属丝去接电源，结果触电而死。如果这个孩子事先懂得了用电安全，就不会发生这样的悲剧了。

因而，父母应该向孩子传授基本的安全知识，如家用电器的使用安全注意事项；煤气炉具的安全使用方法；化学物品、药品的正确使用；上学和放学路上要与同学结伴走；不随便吃陌生人给的食物；注意保护身体，避免受伤等。孩子天生好奇、好动，心智发展尚未成熟，对意外伤害事件缺乏足够的警惕性和预见性，父母帮助孩子掌握基本的安全知识，就是从根本上保护孩子。

（二）教给孩子发生意外时的应急措施

让孩子了解应急措施是非常必要的，比如遇到意外，要学会拨打紧急求救电话，如110、119、120等；了解一些基本的医学常识，如急救的方法；万一被坏人强行带走，要懂得寻找机会逃脱等。危险和意外是时刻存在，如果不给孩子明确指导，那么孩子在遇到危险和意外时会束手无策，不能及时化解危险。父母要从身边的小事入手，教孩子掌握基本的应急措施。

舟舟是一个勇敢的孩子，放学后经常独自回家。回家的路上要经过一个胡同，以往从未发生过什么异常状况，所以父母也没有意识到可能存在危险。但是舟舟平时阅读书籍时，学到了一些回家途中需要注意的安全知识。

某天在回家的路上，他被几个小混混勒索，让他交出身上的钱，但是看舟舟携带的钱很少，就要求跟着他回家拿钱，才能放他走。舟舟灵机一动，说自己有银行卡，可以去银行取钱。那些人便相信了舟舟，当在窗口办理业务时，舟舟抓住机会给工作人员写了张纸条："帮我打110。"舟舟对他们说要等待办理，于是他们在一边等着。没过多久，几个警察进来了，舟舟顺利地脱险了。

孩子自幼生活在父母的呵护下，很少接触外界的各种危险，但孩子终将长大，总有一天会离开父母的怀抱，自己生活和学习，独自面对各种意外。有些意外父母也无法预料，所以父母应教孩子应对意外事件的紧急处理措施，这比时刻守护孩子更能有效地帮助孩子。

此外，父母还应教给孩子简单的医疗常识，如身体受伤时的处理。受伤的种类很多，有擦伤、烫伤、骨折、脱臼等。最常见的是擦伤，孩子见到血可能比较容易慌张，需要告诉孩子保持冷静，首先进行止血，假如流血量过多，应该到最近的社区医院或诊所就医。烫伤方面，一定要注意用冷水降温，并保证伤口的清洁。对于骨折和脱臼的情况，切忌随意移动，应等待专业医生进行处理。

（三）让孩子掌握交通安全知识

据统计，中国每年发生在自行车上的交通事故就达 27 000 次以上，其中三分之一发生在低于 15 岁的孩子身上，而实际人数可能更高。其实，如果父母能及时教给孩子交通安全知识，很多事故是可以避免的。

在孩子小时候进行户外活动时，父母应以身作则，在马路上行走时，要告诉孩子如何正确地过马路，如何躲避汽车等，并告知一旦被汽车撞到，后果非常严重。要让孩子知道躲避汽车，不在马路中间玩耍，不随意横穿马路，要告诉孩子面对前面和后面的车辆时如何躲避。比如，当汽车从后面开来时，妈妈不要表现出惊慌，而要沉着地牵着孩子的手，避到近侧的路边。过路口时，要让孩子记住走人行横道，看红绿灯等。

秦斌今年上六年级，是个调皮的孩子。他上学放学都要骑自行车，喜欢和同学并排骑行。他们会在马路上一起排一个自行车队，在道路上展示壮观的场面。

然而某天，前面一个孩子的自行车碰到了一块石头，车子不慎倒地，后面的自行车就像多米诺骨牌一样，都被带倒了，每个孩子身上都受了伤，秦斌的门牙竟然被磕掉了，左手也不幸骨折。爸爸了解情况后，虽然很心疼，但他抓住机会教育孩子骑自行车的时候，应该与其他车辆保持适当的间距，这样即使出现事故，也不会如此严重，让秦斌真正意识到遵守交通规则的重要性。

对于年幼的孩子来说，我们常常要利用身边发生的一些案例进行教育，同时，父母还可以利用图片和儿歌等形式，教给孩子最基本的交通标志和规则，如红灯停，绿灯行，不要逆行等。孩子看动画片时出现一些关于交通相关的画面，一定要特意向孩子强调交通安全的重要性。要不断地反复强调，并培养孩子遵守交通规则的安全意识，以尽量避免交通事故的发生。

（四）让孩子掌握家庭安全知识

家庭生活是美好的，但生活中也处处隐藏着危险。据统计，孩子60%的安全事故发生在家庭周围，比如有的孩子从楼梯上摔落，还有的孩子触电身亡等，若父母有家庭安全意识并能预见常见问题，告诉孩子如何避免这些问题，那么孩子所面临的危险和意外将会减少。一般家庭中都有很多家用电器，有很多开关、插座，这都潜伏着一定的危险性。所以父母要经常教育孩子，在不了解使用方法前，不要乱动电器。父母还要教孩子学会使用天然气，以防天然气中毒和爆炸等危险。

某个周日的早晨，晨晨的妈妈在电脑上查资料时突然想起厨房里煤气灶上的水壶。她让晨晨去看看，估计快开了。孩子听话地去了，可是没几分钟就急匆匆地跑过来，让妈妈去看看。妈妈赶紧跑过去看，只见厨房的窗户已经打开，煤气的火已经熄灭，阀门也已经被关闭了。

晨晨说她进来的时候，水壶里溢出的水已经把火浇灭了，她马上将阀门关闭，打开窗户，妈妈不禁对她竖起了大拇指。晨晨的脸上露出了骄傲的笑容，妈妈也暗自庆幸，多亏平时在安全方面对孩子教育得到位，否则孩子也不会从容地应对了。

此外，父母要经常向孩子讲解家庭安全用电常识，增强孩子的自我保护能力。父母要保证家用电器的接线正确，将电源插头、插座布置在孩子接触不到的地方，不要让孩子用湿手去触摸带电的家用电器，不要用湿布擦拭使用中的家用电器，修理家电时必须先切断电源，发现家用电器出现问题，不要私自拆卸，而要请专业人士修理。

父母平时做家务时，要一点一滴地教给孩子有关水、火、电的安全知识，让孩子对安全有所了解，遇到紧急情况，孩子同样能发出警告，及时解决；也可以通过讲故事、玩游戏等方式，让孩子在父母的榜样教育中掌握家庭安全知识，更好地保护自己。另外，还要让孩子保证饮食安全。避免食用变质、腐烂的食物，注意各种食物之间的合理搭配，根据孩子的年龄制定有针对性的安全饮食措施等。

（五）让孩子掌握公共场所安全知识

父母还应教导孩子在公共场所如何进行自我保护。父母应告诉孩子，当在公共场合遇到陌生人送给他玩具或给他食物时，要保持警惕，予以拒绝，不要轻易相信陌生人的话。

父母要告诉孩子，在公共场合遇到外部威胁、受到伤害时，应首先找警察，若周围没有警察，公园、商场、电影院等都通常有保安，可以向他们求助，并且要记住犯罪者的性别、面貌特征等重要信息，详细描述事发经过。

如果在商场与父母走丢，要让孩子原地等待，不要自己没有目的地四处寻找，更不应离开商场；若等待一段时间，父母还没有回来，应向商场工作人员求救，切忌跟随陌生人离开商场。

父母还需教导孩子有关性保护的知识。据调查，对孩子进行性犯罪的嫌疑人中，90%是孩子之前认识的人。父母要特别提醒女孩，不要与异性去陌生的地方，更不要单独外宿。

父母还要告诫孩子，一些危险的公共场合是不能去的，如铁路、公路旁、高压塔下、变压器下、水深的河、湖、工厂废弃的仓库、建筑工地等。

【悦上活动】

一、情景分析：如果遇到这样的事，你怎么办？

为了让6岁的菲菲得到更好的教育和培养，爸爸大明决定把女儿送到负有盛名的"才子之乡"A城上学。菲菲的妈妈因此来到A城租店经营服装，同时负责女儿的起居生活。仍在B城某中学教书的大明，则经常往返于A

城与 B 城。

一个假日，父亲来看女儿，但这次女儿不再像过去那样和他说她的喜人成绩，而是泪汪汪地向他告状："爸爸，有个男人把我关到房间，我好怕。"

面对这样的情况，如果你是故事中菲菲的父母，接下来应该怎么做呢？

正视成绩　自主学习

【崇和课程】

"看别人家的孩子。"这是为人父母常常挂在嘴边用来教育孩子的话语。小琪从踏入小学校门开始，就是这样一个"别人家的孩子"，在校遵守纪律，上课认真听讲。课后，无论是作业，还是预习、复习，她都能一丝不苟地完成，她还主动给自己"加码"，自愿要求做更多的练习题。小琪的勤奋让父母很放心，很骄傲，为此更加关注孩子的学习情况，生怕落下一点点。每天放学回家，父母总是第一时间问她："小琪，今天老师教的内容，你学会了吗？"小琪总是自信地回答："书上老师讲的我都会，上课老师还表扬我了呢！"听了小琪的回答，父母满意极了，极力夸赞。

"别人家小琪"这样的美名持续到三年级却戛然而止。一天，小琪拿到老师发下来的语文练习题，看到老师在练习题上针对错误做出的一道道红色标记时，小琪瞬间崩溃了，她大哭起来："怎么回事？为什么会这么差？回去怎么跟妈妈交代呀……"果然，回到家后，小琪的妈妈看到满篇红色错题标记的练习题也着急起来，一边数落小琪不认真，一边立刻给老师打电话，老师还没开口说几句，小琪妈妈就开始了连环问："老师呀，小琪是不是上课不认真？你们讲的知识她有没有听懂？她做题总是不细心读题，作文也不知道如何下笔。一、二年级时她的成绩一直都很好，做作业又自觉,从来不用我们操心。现在突然学习下降得这么厉害,又是'双减'时期,补习班也没得报,这以后的学习可怎么办呀……"

与老师通完电话,小琪的妈妈并没有意识到小琪成绩下降的真正原因,仍然一味地认为孩子不够努力,认为应该再多花些时间在学习上。可正值"双减"政策的背景("双减":即减轻义务教育阶段学生的过重作业负担和校外培训负担)。孩子的作业练习时间减少了很多,也没法送她去作业辅导班,小琪的妈妈对孩子的学习逐渐感到焦虑,不知所措,而这种焦虑情绪也时时刻刻地影响着孩子,有时只是一些微小的事情,她都对着孩子大声呵斥:"这道题讲了这么多遍了,为什么还是错的?你到底有没有认真听……赶紧过来把错题抄五遍,再重做。"后来,为了尽快提高孩子的学习成绩,小琪的妈妈还专门查找资料,给她额外布置了一些学习任务,希望孩子能在题海中找回以前的得心应手。尽管小琪不太情愿,她已经很久都没有自己的娱乐、活动时间了,都被妈妈安排做练习题。但小琪不敢反驳妈妈,在妈妈的训斥声中只觉得自己真是太笨了,只能硬着头皮继续做大量的练习。

尽管小琪做了一套又一套的习题,但成绩并没有得到显著的提高。在之后的练习中,效果微乎其微,老师给的错题提示还是那么"刺眼"。小琪的妈妈就像一只无头苍蝇一样,用尽了各种办法,可终究结果不尽如人意,带给他们的还是一次又一次的失望。

小琪的妈妈忍不住高声斥责:"你这孩子怎么回事,训练了这么多套题,成绩怎么不见长?你是不是上课开小差?我还得打电话问问老师。你看看隔壁和你同龄的孩子,人家都能得优秀或优良。当别人讨论孩子的学习时,我都抬不起头来……"

在妈妈絮絮叨叨的话语中,小琪沮丧地低下了头,"唉!我真是太笨了,怎么都学不好,我已经很努力了呀,可总是不能让爸妈满意。"以前对于学习的信心逐渐被消磨殆尽。现在,每次听到妈妈询问学习情况,她都情不自禁有些躲闪,人也没那么阳光了。这时候,学习对于小琪而言,已然变成了一件巨大压力的苦差事。

小琪那么努力，为什么成绩却无法提升呢？她甚至把所有时间都利用起来学习，勤奋异常，却依然不能让爸爸妈妈满意，问题究竟出在哪儿呢？

一、父母只注重学习成绩

孩子的学习与成长是多方面的。国家的教育方针也指出要落实素质教育，以提高国民素质为根本宗旨，培养学生的创新精神和提高实践能力为重点，培养"有理想、有道德、有文化、有纪律"的德、智、体、美、劳等全面发展的社会主义事业建设者和接班人。

案例中，小琪的成绩对于三年级来说虽然不太理想，但小琪很认真，也很好学，学习态度可嘉，基础较好，这些都是值得肯定和赞扬的，毕竟任何成功的前提都离不开努力。然而，小琪妈妈的关注点只在学习结果上，直接否定了小琪努力的过程，简单地以成绩论英雄。当结果不理想时，孩子之前的努力就变得"一文不值"。"成绩怎么不见长？"这句话有不甘，有无奈，也有责怪，孩子为此深深感到沮丧，久而久之，"习得性无助"便产生了。

可见，小琪的妈妈缺乏对学习的正确认识，凡是有利于获得经验、增长智慧、解决问题的过程都是学习。但小琪的妈妈并没有意识到学习过程的重要性，只片面地注重学习结果，最终让自己陷入焦虑的状态。而小琪成绩下降的主要原因是三年级是一个学习的转折点，主科目不但增加了一门英语，知识结构的改变和学习内容的难度也有所增加。以前在低年级死记硬背的学习方法，已经无法让小琪适应中年级的学习需求，这种知识和技能的转变导致她的学习效果出现断崖式下跌，跟不上其他同学学习的步伐。然而，父母并没有采取正确的措施，对症下药，只是一味地对孩子期望值过高，只想看到好成绩。并且受父母焦虑情绪的影响，小琪常常否定自己，总觉得自己做得不好，怎么也达不到父母的要求，不能让父母满意，变得更加无助，缺乏自信心。

父母需要做的是给予孩子鼓励，与孩子一起分析问题，找到付出了努力却始终成绩不理想的真正原因,并想办法解决,帮助孩子重新树立对学习的信心。

二、父母只是一味指责

案例中小琪的妈妈过于关注孩子的学习结果,忽略了孩子德、智、体、美、劳各方面的成长需求。父母一方面习惯给孩子提过高的学习要求,希望三年级的成绩能像以往一样出色,却忽略了三年级学习难度的增加及孩子自身接受能力的情况。小琪的成绩总是停滞不前,极大可能是学习方法不当,不能做到举一反三、触类旁通,针对这种情况大量练习并不能起到有效作用。

另一方面,小琪的妈妈在与老师的沟通中,也只是追问孩子听课学习的情况,未过问其他。站在小琪的角度来说,妈妈的这种询问就成了一种不信任、一种变相的指责,可能会给孩子带来较大的心理负担。实际上,这也是很多父母的常态做法,除了与老师了解学习成绩,很少主动提及其他,如关心孩子的课堂表现、对学科的喜爱、人际交往、在同年龄学生中的优点和不足等。父母的这种只看重成绩的行为,无时无刻影响着孩子的学习和心理健康成长。

其实,学习不仅限于书本知识的学习,其内容涵盖面广泛,研学、实践活动、玩游戏、动手操作等也是学习。学习主要是指通过阅读、听讲、思考、研究、观察、实践等各种途径从而获得基本知识和运用技能的一种过程。父母应认识到,学习好坏不能直接与成绩画等号,学习结果并不是唯一重要的,学习态度、学习习惯、学习方法、学习过程等也对孩子有着举足轻重的影响。小琪的父母没能保护好孩子的自主性,反而一味指责,伤害孩子的同时,也弱化了孩子的自主学习能力。

三、孩子没掌握正确的学习方法

小琪是一个勤奋好学的孩子,这一点无疑值得肯定,但她也有不足之处：当遇到记忆性的题型，小琪就可以完成得很好；当遇到开放性思维的问题时，她常常拿不定主意，缺乏自主思考能力和思维能力。思维能力是指快速理解运用知识的能力，主要包括发现问题、运用知识解决问题的能力，由此失分较多。而小琪的妈妈采取的题海战术、重复式学习，不仅未能解决根本问题，反而加重了小琪的学习负担，徒增压力，使孩子逐渐对学习产生厌烦，甚至出现"习得性无助"。

要想解决这一问题，关键在于帮助小琪找到适合自己的、有效的学习方法，提高小琪内在的学习能力。学习能力是记忆力、观察力、注意力、想象力、思维力、创造力的综合体。从小琪的案例中可以看出，她主要就是靠记忆力来学习的，只会背知识，所以她忘得也快，换一种题型就不会做了。我们要注重培养孩子的学习能力，引导孩子感悟生活，自主观察身边的人和事、积极参与、大胆想象，灵活掌握学到的知识，从课内到课外、课外到课内，懂得迁移运用、融会贯通。孩子只有掌握了有效的学习方法，才能真正做到自主学习。

【睿智方法】

自主学习指学生作为学习的活动主体，能够独立运用分析、探索、实践、质疑、创造等多种方法，主动实现自己学习中的目标，学会自我求知、待人处世、强身健体、自我审美、自我生活、自我交往、自我劳动、自我生存，具备与现代社会发展需要紧密联系的各项基本素质。中国大作家郭沫若曾经说过："教学目的是培养学生自己学习、自己研究，用自己的头脑来想，用自己的眼睛来看，用自己的手来做这种精神。"所以，自主学习能力是指学生在自己头脑中逐渐产生一种"我想学、我要学"的学习意识之后，在实际行动中能够自觉参与学习、主动参与学习、积极获取知识的一种自然行为能力。要让孩子从"想学"出发，实现真正自主学习，父母的榜样作用对孩子是最直接，最具有说服力、感染力的，所以，父母要以身作则，在生活中做孩子自主学习的榜样。

一、正确看待成绩，心态决定做法

（一）正视成绩，透过现象看本质

成绩只是学习的一部分，不能代表孩子全面发展的综合评价，父母应更多地关注孩子的学习过程和学习能力，包括学习态度、学习习惯和学习方法。在这个过程中，父母应正视孩子的学习成绩，分数的高低仅反映了孩子某个知识点的掌握情况，切忌过分期待，破除唯分数论。我们所能做的是帮助孩子在原有的基础上有所提高，勇于挑战自己，但要注意避免"一山望着一山高"，毕竟"山外有山，人外有人"。父母尝试着从不同角度关注孩子，透过成绩看到孩子的实际学习情况和学习能力，多鼓励孩子与自己比，发现自身的优势，增强学习的自信心，让孩子充分认识到成绩只是一种自我检测的方式。通过检测来查漏补缺，寻求解决问题的方法，扬长补短，争取进步。允许孩子一步一个脚印，"跳一跳自己摘到果子"，这样能够更好地激发孩子的学习兴趣和学习潜能，帮助他们正确理解学习的意义和价值，真正做到认真学习、自主学习。

（二）调整心态，避免习得性无助

父母不仅是孩子的第一任教师，也是引领孩子不断模仿学习的良好榜样。所以，父母要适时调整心态，正确面对孩子的成功与失败，正所谓"胜败乃兵家常事"，成功或失败都只是一时的结果，只要在这过程中我们学到了新的知识、新的技能和方法，那我们就是有所收获的。当孩子遇到挫折或失败时，父母总是打击、翻旧账，孩子会觉得无助、迷茫，不知如何是好，长此以往容易形成"习得性无助"，变得没有主见或没有办法习得独立行为。

"习得性无助"是指通过学习形成的一种对现实的无望和无可奈何的行为和心理状态。如果一个人总是在一项工作上失败，他就会在这项工作上放弃努力，甚至还会因此对自身产生怀疑，觉得自己"这也不行，那也不行"，陷入"习得性无助"的心理状态中。对于孩子来说，一次次的失败，促使他们对此做出了不正确的归因，认为自己天生愚笨，能力不强，智力低下，不是学习的材料，因而主动放弃了努力。也有另一部分孩子同样努力过，也曾经取得过自认为可以的成绩，但往往不如他人，因而很少得到关注和表扬，长期被忽视，便逐渐丧失了自尊心。无助感与失尊感均是"习"得的，不是天生的，是经过无数次的重复、无数次的打击以后慢慢养成的一种消极心理现象。

因此，若在可控范围内，给孩子一定试错的机会，帮助和鼓励孩子直面失败，教会孩子反思、总结获取成功的方法，给孩子树立冷静面对失败，寻求成功的榜样。父母的良好心态直接影响着孩子的心态，父母向着人生目标努力前行，在生活中奋力拼搏、自强不息、冷静善思、宽和待人。孩子也一定能感受到父母刻苦奋斗的敬业精神，从而深刻影响着孩子们积极向上、独立自主学习的意识。父母以自身为标杆，胜不骄败不馁，潜移默化中引导着孩子不断反思、进步。

（三）适时鼓励，增强孩子自信心

父母要学会适时、巧妙地给予孩子赞扬和批评。一方面，只要孩子今天表现比昨天好，哪怕只是进步一点点，父母都可以对孩子做出肯定和鼓励的评价，这样能有效培养孩子的自信心，激发他们的学习热情。比如，孩子今天的书写较之前工整，立即表扬孩子"今天的书写比之前认真，错误也减少了，有进步，真棒！"当我们发现孩子的朗读比昨天顺畅，也请记得及时夸夸他"通过你的努力，课文朗读更流利了，继续加油！相信你明天会读得更好！"另一方面，批评也要巧妙应对，面对情绪激动的孩子，可延迟处理，待其冷静时，再与孩子共同分析问题所在，找到错误根源，寻找正确的解决办法，使其在挫折中成长，在鼓励中提高自信心。

二、培养自主能力，行动激发动力

（一）培养学习兴趣，改变学习意愿，化被动为主动

培养孩子的自主学习能力，首先需要培养孩子对学习的兴趣；要培养

孩子的学习兴趣，我们可以先帮助孩子找到学习的成就感，有了成功的体验孩子也就更愿意学习、更乐于学习了。

1. 尊重孩子的兴趣。父母都希望自家孩子不要输在起跑线上，于是千方百计给孩子安排课外学习，从不在乎孩子是否喜欢、是否学得好。作为父母总是习惯性把自己的想法加到孩子身上，这常常使得孩子因为没有兴趣而学得辛苦、吃力，甚至厌学。为此父母可以多鼓励孩子参加各项活动，既丰富了孩子的文化修养，锻炼人际交往能力，还可以从中发现孩子的潜能，找到孩子的学习兴趣，并依据兴趣制定相关的学习目标，增强孩子的学习意愿，化被动为主动，孩子的学习也一定会更加起劲。

2. 把孩子原有的兴趣与知识学习联系起来，以培养和激发新的兴趣。例如，三年级孩子往往一提到写作文就头疼，主要是因为孩子缺乏对生活的观察和感悟，想象力不丰富，知识积累不够，语言表达能力较弱，也就觉得"无话可说"。书本知识很重要，但孩子的生活阅历也同样重要。孩子喜欢动手操作、喜欢种植花草、喜欢运动等，父母选择支持他，表扬并强化孩子的观察力、专注力和想象力，为他提供相关书籍，再把这些体验迁移到学习上就能得心应手，因为他参与了过程，有自己的想法、感受，写出来的文章就真实、具体。所以父母支持孩子多参加有益的、自己喜欢的活动，让孩子对学习保持动力，保持积极性，这也是自主学习的一部分。

3. 鼓励孩子获得成功，提高孩子的成就感。成功的体验使孩子感到满足，继续学习的动力也会更足。每个孩子的智力、接收能力都不同，父母应全面了解自己的孩子，根据孩子的具体情况共同制定学习目标。当目标在孩子的能力范围内，跳一跳能达到时，他就有自信去完成，这就是自主学习的能力。孩子有了成功的体验，提高了继续学习的兴趣，不再需要父母的催促，孩子也能自觉投入到学习中，由"要我学"转变为"我要学"。

（二）树立学习目标，提升学习能力，心动不如行动

目标是学生学习的动力和指明灯，它为学生的学习起到了激励的作用。父母需要帮助孩子树立学习目标，提升孩子的自主学习能力。

1. 启发孩子明确制定学习目标的重要性，并认真执行，能有效提高学习成绩。

2. 制定目标要切合实际。父母应结合孩子的自身情况制定学习目标，太高达不到会适得其反，容易造成孩子习得性无助；太低会令人缺乏行动力，不能进一步激发孩子的学习兴趣和能力。

3. 目标要全面，注重劳逸结合，有充分的学习时间和一定的娱乐活动、自主支配的时间。

4. 目标要有针对性，重点突破学习中的薄弱环节，针对自身的不足，制定出适宜的学习目标，逐渐进步。

5. 目标要落到实处，制定的目标一定要严格执行，否则就是纸上谈兵。根据目标一步步前行，在父母和孩子的共同努力下，孩子的自主学习能力也一定会得到提升。

（三）制订学习计划，培养时间观念，自律决定未来

父母的责任，不应该只是强迫孩子学"我们所认为好的"，更关键的是辅助孩子制订学习计划，培养正确的时间观念。制订学习计划不要仅考虑学习而不顾其他，多给孩子一些自由选择的空间，让他们去探寻自己感兴趣的事，这样才能更好地促进孩子的全面发展。

其实，学习只是生活的一部分。在我们日常生活中，总有一些父母有意无意给孩子灌输思想"你只要好好读书就行了！其他什么都不用你管。""碗不用你收，赶紧放下！吃完饭就去多写一套题，你的计算能力不行，还得多练练！"等。从这些细节可以看出，父母过于关注分数的高低，忽视了孩子动手操作能力、思考创新能力、解决问题等能力的有效培养，容易造成"高分低能"的现象，反而害了孩子。

因此，在制订学习计划时，父母需全面考虑，既要让学习在一天中占首位，又要把学习与其他活动协调起来。换句话说，在一天的作息时间表里除了安排上课、写作业的时间，也要有休息、运动的时间，还要留出属于孩子自己的闲暇时间。孩子学会了平衡学习与娱乐的时间，说明孩子已

经懂得了自主学习。

（四）培养学习习惯，引导学习方法，坚持才能胜利

正处于三年级阶段的孩子，学习可塑性很大。在父母的积极引导及老师的耐心教导下，有助于培养孩子良好的学习习惯。如指导孩子把一天的学习任务分解成能够有效完成的一个个小单元，并且重在坚持，不随意给自己找借口而推迟完成原定计划，坚持不懈的精神最可贵。

另一方面，孩子在无人监管的情况下也容易养成坏习惯。如果父母有空就监督，没空就放任不管，正所谓"三天打鱼两天晒网"，这样下去孩子就会变得不听从管教，更谈不上自主学习。正确看待孩子的学习，不再局限于结果，更多地注重过程，过程中展现出来的正是孩子的学习态度、学习习惯、学习方法。引导孩子掌握正确的自主学习方法，养成自主参与学习的良好习惯。

三、体验成就感，激发内在动力

要让孩子保持对学习的新鲜感和兴趣，那么成就感就是对他们的肯定和正向评价。有了学习成果的促进，孩子学习的目标、求知的内在动力也会随之带动起来。因此，学校、家庭、社会需要联合起来为孩子们构建一个完整的学习体系，让孩子学有所感，学有所得。

（一）创造合适机会，创造多样平台，展现自我特长

学校可以以传统节日为契机，结合校本课程，根据孩子学龄段的特点，开展各种各样的主题活动，引领孩子从不同方面寻找自己的优势，发展自己的特长，孩子既可以有自己的学习偶像，也可以让自己成为别人的学习榜样。学习之余，父母鼓励孩子、带领孩子参加社会组织的一些比赛项目，促使他们源源不断地学习，努力完善自我，孩子自主学习的能力也将在锻炼中进一步提升。

节假日，父母可以带着孩子参加丰富多彩的自然生活体验、文化生活

体验、劳动生活体验等活动。例如,"我为社区环保出一份力""垃圾分一分,环境美十分",参加植树活动、登山环保活动,去博物馆参观,看望敬老院的爷爷奶奶,参加唱歌、舞蹈、跳绳、书法比赛等,既开阔了孩子的视野,又丰富了他们的人生阅历,让他们深刻体会到学习只是成长过程中的一部分。我们要努力学习的同时,更要努力生活,在日常生活中更多地参与展现自我特长的平台。

(二)运用现有能力,乐于服务集体,体现自身价值

孩子学会自主学习,由此获得更多成就感,并运用自己的能力为集体做事,体现自身的价值。

鼓励孩子以自己所能,多为集体做事,比如打扫教室、整理作业本、给花草浇水、管理好班级公物等。事情虽小,但要做到坚持、主动去完成可不是一朝一夕的事,孩子需要耐心、恒心才能一如既往地做下去。事情虽小却是集体不可或缺的一部分,这些小事做到位了,孩子们才能快乐、健康地成长。事情虽小,价值却很大,教育孩子从身边的小事做起,人人有份,人人有责,做好我们力所能及的事。能力更强的孩子还可以运用自己的特长为班级争取荣誉,让集体成员与有荣焉,个个充满自豪感,从而提高集体凝聚力。通过一些活动平台,把自己展现在更多人面前,得到他人的称赞与肯定,不仅成就了自己,也成长了他人。

为集体做一些简单的事,进一步强化孩子的自主学习能力,从学习中来,到学习中去。对自己所学知识懂得举一反三,真正做到学以致用,既锻炼了自己的动手操作能力、思维能力等,也能为集体荣誉出一份力,同时孩子从中获得的成就感、体验感带给了他无穷的学习乐趣。

【悦上活动】

1.请父母邀请孩子共同商讨一份自主学习时间表,然后盖章、签字,并坚持执行,一个月为一个期限。在这过程中发现有问题,经双方讨论,一致同意后可以进行修改。

2. 请父母和孩子一起制定一份家庭作业自主完成情况评价表，可以设定一些奖罚措施，激励孩子。如下表。

表 4 家庭作业评价表

姓名：_____ 时间：____年__月__日至____年__月__日 第___周

	星期一	星期二	星期三	星期四	星期五	星期六
写字	☆	☆	☆	☆	☆	☆
读背	☆	☆	☆	☆	☆	☆
课外阅读	☆	☆	☆	☆	☆	☆
练习题	☆	☆	☆	☆	☆	☆
英语听读	☆	☆	☆	☆	☆	☆
运动	☆	☆	☆	☆	☆	☆
综合评价	☆	☆	☆	☆	☆	☆

备注：每周累计综合评价三十颗星可兑换一份礼物。

热爱劳动　自立自强

【崇和课程】

【案例一】

每天早晨上学前，丁丁家都会上演下面的剧目：

"丁丁，起床啦，等会儿迟到了。"妈妈一边帮孩子准备衣服，一边喊道。

丁丁哼唧了两声，翻了个身，伸了个懒腰，终于坐了起来。

"妈妈，我的衣服呢？""在这里，赶紧穿上吧！"妈妈说着，就把衣服递了过去。

丁丁接过衣服就往身上套。"妈妈，这衣服穿着有点不舒服，脖子这里有点勒。"丁丁哼哼唧唧地说着。

妈妈一看，急了，"你这孩子，又把衣服前后穿反了！你都10岁了还这样，让我怎么说你好呢。"说着，一把脱下孩子的衣服，重新往孩子身上套，嘴里念叨着："教你多少次了，衣领部分前低后高，穿衣服先看清正反，就能一次穿好。"等丁丁穿好了衣服，妈妈就推着他去洗手间。

不到两分钟，丁丁洗漱完毕，来到厨房。妈妈一看，无奈地又把丁丁拉回洗手间，原来啊，丁丁嘴角边还有泡泡，眼角也还有眼屎，脸没洗干净。再检查丁丁的牙齿，门牙上黄黄的牙垢都没刷干净，"唉，你这孩子……"妈妈叹了一口气，只好亲自动手，快速地帮丁丁刷牙、洗脸全套重新来过。

就在丁丁做好一切上学准备，即将出门时，妈妈不放心地看了一眼，这一看不得了，发现丁丁的裤子前后穿反了，又是一阵"兵荒马乱"。在妈妈的帮助下，丁丁又重新把裤子穿好，这才算顺利地出了门。

【案例二】

晚饭时，小小慢悠悠地吃着饭，毫无例外又是最后一名。

妈妈已经多次催促，然而眼前的情景是，女儿边吃饭边说话，碗里的饭比她说的话还多，心里的火终于忍不住了。

"小小，说多少次了，吃饭时要专心，快点吃！每次吃饭你都要花一个多小时，我还有很多事情要做，哪有这么多时间慢慢等你吃。你这样磨洋工，看着都让人生气！今天的碗筷你来收拾，还要擦桌子、扫地，以后只要你最后一个吃完饭，这些家务活就由你来干！"

"为什么要我干？我不要，又脏又累！"小小嘟着嘴，满脸不开心地嘟囔。

"这些都是家务劳动，你已经是三年级的学生了，为什么不能干？你嫌脏嫌累，那我不是一样天天在做啊！"妈妈火冒三丈地嚷道。

话音刚落，小小大声反驳："不要！我就是不干！不吃了，我去写作业了。"说着，就把碗一推，拔腿就往房间跑去。

"你以为要写作业就不用干活儿了吗？作为家庭的一员，就有义务做家务。你们在学校学习，不也是要轮流打扫教室吗？这个不冲突。就你爷爷奶奶惯着你，不要找那么多借口，今儿你干也得干，不干也得干，快去！"

小小还想说点什么，但迫于妈妈的威压，只好噘着小嘴、跺着脚去收拾碗筷，擦桌子和扫地，厨房里不时传来一阵阵碗盘、桌椅乒乒乓乓的碰撞声。

从案例一中丁丁衣服、裤子前后不分，洗漱不干净这些小事中，我们发现，他在日常生活中仍未能完全自理。这些本应在幼儿园就掌握的生活技能，已经三年级的丁丁却还不会，这才有了每天早晨的"兵荒马乱"，由此足以看出他生活自理能力的不足。其实，这样的场景不仅只发生在丁

热爱劳动 自立自强

丁家,对于很多父母来说,这一幕应该也是熟悉的场景,并为之头疼。

案例二中,"为什么要我干?我不要,又脏又累!""不要!我就是不干!不吃了,我去写作业了。"小小的嚷嚷,以及最后的噘嘴、跺脚等行为,充分反映了小小内心对做家务劳动的抗拒。作为一个三年级的孩子,她还没有意识到,家务劳动不是成人的专属工作,而是每个家庭成员需要共同承担的责任,是自身成长中需要学习的技能之一,即便是学习也不能作为拒绝劳动的借口。

"作为家庭的一员,就有义务做家务。你们在学校学习,不也是要轮流打扫教室吗?"从妈妈的话语中可以看出,妈妈有意识到孩子需要参与家务劳动,并通过孩子在校身为班级一员要值日来举例,获取孩子对自己身为家庭一员要做家务的认同。为什么小小对此事的反应会如此大呢?问题在于时机不对,妈妈提出这个说法是在跟孩子置气时,这时的劳动就变成为了责罚的手段,因此,孩子在心里对劳动产生了强烈的抵触。最后孩子想甩手不理,提出要去写作业,可妈妈却不依不饶:"你以为要写作业就不用干活儿了吗?不要找那么多借口,今儿你干也得干,不干也得干,快去!"这种命令式的言语瞬间点燃小小的怒火。这样的情形下,孩子还会喜欢做家务吗?这样的后果是谁导致的呢?是我们的父母,因为错误的时机,不恰当的言语引导,让孩子给劳动贴上了厌恶的标签。

相信很多父母也曾经经历过以上两位妈妈所面临的困境。很多孩子即使参与劳动,也只是迫于压力和威慑,或者是为了做一个听话的学生,又或者只是为了完成老师布置的劳动打卡任务,而并非自愿接受,积极参与。

劳动是我们每天都在做的事情,不同的是,日常家庭生活中,洗衣做饭、整理房间、打扫房间等料理自己生活的各种劳动,是无报酬的,这是一种自我服务劳动。对于成人来说,我们在工作单位上班也是劳动,只不过会获得劳动报酬,此时,劳动便是一种职业。除此之外,还有一种无偿劳动,在公共场合或为他人服务的公益劳动,现如今很多人在积极参与,通过帮助孤寡老人、为社区清扫美容等劳动方式,为社会贡献出自己的一份绵薄之力。

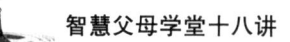

既然劳动与我们息息相关，孩子为何出现难劳动，劳动难的现象呢？对孩子的劳动教育除了学校教育之外，还受到哪些因素影响呢？

一、孩子对劳动的轻视

（一）孩子自理能力缺乏

类似案例一中的丁丁，上了小学但仍需要父母帮忙洗脸、穿衣的孩子并不少见。许多孩子因为自理能力不足，在学校表现出种种糟糕的行为：有的书包和抽屉里杂乱无章，垃圾成堆，寻找文具、作业时如"大海捞针"；有的不懂得系鞋带，任由鞋带在鞋子上自由飞扬，一不小心摔个四脚朝天；有的不会收拾外套，衣服丢了一件又一件，也不会想办法寻找；有的因为不会自己擦屁股而不敢在学校排便，宁愿忍受一天，直到回家才急忙冲向厕所；有的孩子鼻涕常流，却不知道用纸巾擦，没有纸巾时也知道向他人借用，放任不管，甚至有的直接用手或袖子擦，又或者知道用纸巾擦，却因不知方法，反而擦得脸上到处都是；有些孩子打扫卫生时连扫帚都拿不稳，扫地时毫无章法，胡乱扫一通，垃圾袋破了不知所措，扫把倒地一脚跨过，视而不见……真是举不胜举。不能自理便无法自立，这些孩子背后往往都有"高人"帮忙，他们从不用过多操心自己的事，才会有了这一幕幕令父母抓狂的画面。

长此以往，这些孩子即便成年，很多也是对家务劳动知之甚少，五谷不分，四体不勤，整日懒散，家中一片混乱。饮食上，盐与糖都分不清，长期依赖外卖；工作上，条理性差，效率低。他们的整体生活幸福感都不尽如人意。

（二）劳动太累，没成就感

干净整洁的家居环境对人的情绪有着积极的影响，每个人都希望能够营造整洁、温馨的家庭环境。但成年人需要做到工作、家庭两不误，容易身心疲惫，因此有时候对家务望而却步。

孩子也一样，绝大多数孩子乐意参与家务劳动，为家庭贡献自己的力量。只是在学校一天的学习生活已消耗了他们大量的精力，回到家还要写作业、复习功课。此时，孩子也会对家务提不起兴致，只是完成任务，而忽略了劳动带来的成就感。

（三）与我无关，缺乏责任心

现在的孩子可谓在蜜罐里长大的，从小被家人呵护备至，有的甚至几代同堂，孩子集万千宠爱于一身，"劳动"这个概念与他们的生活相去甚远。由于从小就没有参加劳动的机会，以至于孩子内心认为这些事与他们无关，就连扫帚倒在地上都不会去扶一下，更没有自己需要为家里做些什么的概念，遇到任何问题，第一时间是寻求父母或家人的帮助，极度依赖他人。这种依赖会让他们极度缺乏责任感，不用自己做的事当然无须承担责任。即便是在进入小学后，父母开始想让孩子锻炼，但孩子却表现出"为什么要我做这些？与我无关。""我不想做。"等态度。

受我国"男主外、女主内"传统思想的影响，大多数家庭的家务劳动都是由母亲、奶奶等女性角色承担，很多父亲等男性角色和孩子都是无须承担的。而且与职业劳动相比，家务劳动都是重复、简单的居多，因此，家务劳动常常得不到应有的尊重，而这些也影响了孩子对劳动责任的正确认知。《育儿术入门》的作者鲁道夫·德瑞克斯曾说过，"孩子能做的事情，你绝不可替他做。一个事事依赖的孩子往往也是一个性格专横的孩子。如果我们不给孩子承担责任的机会，他就会成为没有责任心的人。"

（四）劳动就是惩罚，令人讨厌

在我们身边，也不乏看到有部分父母管教孩子比较严厉，赏罚分明。时常在孩子做错事的时候，用孩子最不喜欢做的事作为惩罚。而做家务就经常"榜上有名"，孩子常常会被罚洗碗、扫地、拖地……惩罚下的劳动会让孩子满腹牢骚，心生怨念，对劳动产生抵触情绪。虽然让孩子参与劳动本身是一件好事，但在不当的情况下使用，孩子会不由自主给劳动涂上

"色彩"，认为劳动弊大于利，又何谈爱劳动呢？

二、父母对劳动教育的忽视

（一）有一种爱叫不舍

衣来伸手、饭来张口的"小皇帝""小公主"在我们身边越来越多。网络上有这样一位二年级学生的妈妈，在开学第二天，得知儿子在学校被安排值日，立刻发信息给班主任制止。声称儿子是家里唯一的"宝贝男孩"，从未做过家务，无法胜任班级值日任务，如果学校要求必须做，她和丈夫可以代劳。如此理所当然的要求令老师无奈至极。这位妈妈也被众网友戏称为"太子妈"。

事实上，这并非特例。比如，在××县城的几所小学，一些父母不愿让孩子参与班级值日活动，就直接在社交群里呼吁"请保洁"，一学期花费一千块请钟点工阿姨替孩子们打扫、拖地，很多"护子心切"的父母毫不犹豫地表示同意。

看，他们多么会替孩子着想啊！但我们需要思考的是，父母这种周到体贴的行为究竟让孩子失去了什么？

"大儿锄豆溪东，二儿正织鸡笼。"中国古代家庭教育中孩子事农、做家务的生动情景，在现在成了难以实现的过往记忆。家务劳动是最适合孩子的生活实践，是孩子回归生活本真、发现生活乐趣、历练生活能力的"家本课程"。家长如果主动"屏蔽"掉孩子的家务劳动，其实也"屏蔽"了孩子与生活建立感性、和谐和深刻联系的实践机会。

（二）有一种声音叫不会

现如今，我们时常会听到很多父母说："孩子的自理能力较差，书包里乱七八糟，还有不少垃圾；家里玩具到处都是；衣服不会折……哪像我们小时候七八岁都能做饭，下地帮忙干活儿了。"这样的言论常常会得到周围许多人的附和。其实，我们需要思考一下，孩子自理能力差是谁导致的呢？我们小时候自理能力强是因为我们天生能干吗？并非如此，那是因为父母不会过多干涉我们自己要做的事情，我们有了独立成长的机会。

案例一中的丁丁妈妈真的很忙碌，穿衣裤、洗漱……一系列本应由孩子独立完成的事情，只要发现孩子没做好，妈妈就会接手代劳，孩子只需要坐享其成。其实，从丁丁的表现中，可以看出他是有自己的事情自己做的意识，只是因为不得要领总出错。而妈妈在这个过程中的做法看似是帮助孩子，解决所有出现的问题，实则剥夺了孩子通过不断尝试、在失败中成长的绝佳机会，严重影响了孩子自理能力的提高。这样周到的包办，越位的教育方法，孩子将来会成长为什么样子呢？

《敞开心扉的少年》节目中有一位8岁的男孩何小可。从根据真实场景演绎的情景剧中可见，他在家有多受宠：晚上有爸爸陪睡，吃饭、日常的洗漱都由妈妈包办代劳。书包里带什么零食，他负责指，妈妈负责装；出门穿鞋，妈妈蹲下来帮他套。总之，妈妈能做的，他就没有做的机会和可能。

时间长了，不仅是爸爸，就连他也开始意识到自己的自理能力比同龄人差了一截。别人喝酸奶一根吸管直接搞定，他却不会，要用吸管戳破纸盖抠出一个大洞来喝，还洒了一身。

事无巨细包办孩子的所有，看似"为孩子好"。到头来，孩子却什么都不会，还把自己的无能归咎到父母身上。

（三）有一种理由叫误学习

家务劳动是最好的生活教育。学会做家务是最生活化的教育，也是生活所必需的教育。而现实中，在唯成绩论的家庭中，以学习之名被弱化的家务劳动仍然是孩子的生活盲区。不少父母在孩子初次接触家务时，会对孩子说："不用你做，你只要认真学习就行。""快去学习，不要你做这些，耽误学习。"孩子做一些家务劳动真会影响学习吗？

中国教育科学研究院曾对全国2万多名父母和2万名小学生进行家庭教育状态调查，调查报告中表明：孩子参与做家务的家庭中，子女成绩优异的比例为 86.92%；而认为"只要学习好，做不做家务都行"的家庭中，子女成绩优异的比例仅为 3.17%。[1]由此可见，劳动和学习并不矛盾，相反，劳动还能成为学业优异的助推剂。

不仅如此，根据哈佛大学学者做过的一项长达二十多年的跟踪研究显示：爱干家务的孩子和不爱干家务的孩子，成年之后的就业率为 15∶1，犯罪率是 1∶10。[2]爱做家务的孩子，连心理疾病的患病率都低很多。可见，劳动还是品行和健康的营养剂。

几年前，湖南"啃老博士"李明亮轰动一时。一个学习优异的 985 本硕连读的学霸，在读博期间，突然回家啃老，整天好吃懒做也不去找工作，这让人不禁好奇。

追根溯源，原来与他小时候的经历有关。我们常说"穷人的孩子早当家"，这个说法在李明亮身上完全不成立。自从小学老师说他读书有天赋，父母就把所有的希望放在他身上。不让他干任何事，就连家里的农活，都要妹妹辍学全力承担。除了读书之外什么都不会的他，待人接物的能力和生活技能，几近为零，完全被培养成了"书呆子"。老师也尝试过与他的父母沟通，可他的父母表示只要孩子成绩好，其他的都无所谓。正是因为父母只重视学习，不重视孩子其他能力的培养，过度地溺爱，导致了孩子性格上的缺陷，也为以后埋下了隐患。

读博期间，李明亮和舍友相处不融洽，便一声不吭跑回家，不说明原因，也不出去找工作。天天窝在房间里睡觉发呆，等父母喂养自己，看到父亲摔倒扶也不扶一下，还埋怨父母逼他。后经精神科医生诊断他属于幼稚型人格，也就是过分依赖他人，像个孩子一样。看他沦落成一个不懂得知恩图报、只会依附父母吸血，有严重心理缺陷，无法融入正常生活的"废人"，父母倍感心寒，后悔不已。

我们常说，种什么因得什么果，而出现在李明亮身上的一切后果，都跟"你什么都不用干"息息相关。试想，李明亮的父母如果让孩子从小就开始自己的事情自己做，家里的事情一起做，让李明亮和妹妹一起学习、一起干家里的农活儿，他还会是这样的结局吗？

可见,"万般皆下品,唯有读书高",这种只关注学习,忽略其他的观念是万不可取的。不仅如此,即便是抱有小时候只管学习,不用劳动,一切父母包办,等长大以后可以请保姆做家务的观念,也需要让孩子有足以保障他独立生活的能力做支撑。不能让父母之爱最终成为会反噬整个家庭的"带毒之爱"。

(四)有一种观念叫不重要

1.轻视底层劳动人群

在父母教育子女学习时,常会听到这样的责骂声:"你现在不好好学习,将来长大以后就只能做清洁工扫大街,或者去捡垃圾。"现如今媒体业发达,我们常能在手机视频上看到干了一天活、浑身尘土的建筑工人在搭乘地铁或公交车时,被一些衣着光鲜亮丽的年轻男女讥讽,即便是只坐在地板上,仍被嫌弃和鄙视的视频。父母在言语中不经意间对底层劳动人民的否定,随处可见的瞧不起农民工的短视频,无不冲击着孩子对劳动的正确认知,大到身边的基层劳动人群以及他们的职业,小到家务劳动,都容易在孩子心中形成劳动可耻的价值观,非常不利于孩子的身心健康成长。

2.无视他人劳动成果

几年前,我们身边的很多街道、小市场、景区到处都是垃圾,是环卫工人不尽责吗?不是,是太多的人只顾自己方便,垃圾随手一扔,却忽略了要尊重他人的劳动成果。是垃圾桶不够?不是,是很多人觉得垃圾桶又脏又臭,不愿靠近,也不愿将垃圾归位。即便是在现在严格管理市容市貌的大环境下,我们仍旧可见的是每到周末或节假日,人流密集的场所,垃圾满地的场景。我们的做法孩子看在眼里、记在心里、行在手里,这样身体力行的"教育",实际上教给孩子的是轻视、无视劳动人民的辛勤付出。

不仅如此,这样的环境下成长起来的孩子,即便在家也是"无心人",父母为其准备的饭菜、清洗的衣物、整理好的房间……孩子同样会"眼不见心不领",又何谈尊重和用心对待?

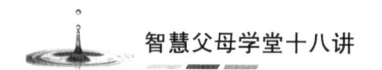

3. 忽视劳动教育的重要

"德智体美劳全面发展"是我国每个受过教育的人都记忆犹新的话语，这是早在1957年就提出的教育方针，现在，父母们会为了"智、体、美"，积极给孩子报各种各样的兴趣班，只为了让孩子做一个多才多艺的人，更希望让他们在学校好好接受教育，做一个有德行的人。可是"劳"常常是被众多父母不约而同所摒弃的，自然不会特地了解有关劳动教育的法律法规。

劳动教育有多重要？它能早早出现在教育方针里；它能在2018年全国教育大会上习近平总书记发表的重要讲话中，被重点强调其对学生全面发展有着重大意义；它能重新回到教育目标之中；它能在2019年首次被纳入高考。在2020年为落实《中共中央 国务院关于全面加强新时代大中小学劳动教育的意见》，专门由教育部印发《大中小学劳动教育指导纲要（试行）》（以下简称《指导纲要》），以通过劳动教育，培养学生正确劳动价值和良好劳动品质。2021年6月由教育部考试中心发文要求对体美劳的引导与考查内容、考查要求与考查情境有机融合，自然呈现于试题当中。并且在2022年4月，教育部正式印发《义务教育课程方案》，把劳动从原来的综合实践活动课程中完全独立出来。并发布了《义务教育劳动课程标准（2022年版）》。2022年9月起，劳动课将正式成为中小学的一门独立课程。

在《指导纲要》中，对各学段学生提出了具体的劳动要求。在小学这一基础教育阶段，学生在低年级就必须提高自理能力和学习简单的家务劳动，愿意为班级劳动，培养集体荣誉感。中高年级不仅要承担家庭劳动，增强自理能力和勤俭节约意识，培养家庭责任感，更要参与校园劳动和社区劳动，体验种植，增强公共服务意识，学会与他人合作，懂得劳动成果来之不易，学会珍惜。

对于小学生，在这些要求中，提及最多的就是自理、家庭劳动，可见其重要性。

热爱劳动 自立自强

表5 小学生家庭劳动教育学段要求

学段	主要内容	具体要求
一、二年级	以个人生活起居为主要内容，注重培养劳动意识和劳动安全意识。使孩子树立自己的事情自己做的意识，提高生活自理能力；懂得人人都要劳动，感知劳动乐趣，爱惜劳动成果。	（1）每天完成个人以及所属物品清洗、整理。如自我洗漱、折叠衣裤、叠被子、洗红领巾、洗内裤袜子、系鞋带等。 （2）学习参与简单的家庭清扫、整理收纳。如扫地拖地、收洗餐具、擦桌椅、整理自己的房间等。 （3）照顾家庭成员。如看护弟妹、给长辈帮忙等。 （4）种植和养护一两种植物或饲养一两种小动物。如动物喂食喂水，给植物浇水、施肥、拔草，种大蒜等。 （5）能参与简单的家庭烹饪劳动。如洗菜、择菜，学做几道简单的菜，如白灼菜、凉拌菜等。
三、四年级	以家庭劳动为主要内容，增强生活自理能力和勤俭节约意识。培养家庭责任感，体会劳动光荣，增强公共服务意识；学习尊重普通劳动者，初步养成热爱劳动、热爱生活的态度。	（1）定期参与家居清洁、收纳整理。如每周一次洗碗、整理房间等。 （2）每学期学习两道简单的家常菜，学会蒸、煮的方法。如凉拌菜、拼盘、番茄炒蛋、加热馒头包子等即食食品、煮鸡蛋或水饺等。 （3）每学期学会1~2项生活技能。如洗衣服、煮米饭、削果皮、包饺子、打结、缝纽扣等。 （4）每学期参加1~2次社区环保、公共卫生等力所能及的公益劳动。如社区公益大扫除等。 （5）体验种植、养殖、手工制作等简单的生产劳动。如种菜、农作物播种施肥、做贺卡、日常废品利用等。
五、六年级	以家庭劳动和社区劳动为主要内容，培养家庭和社会责任感，增强公共服务意识。初步学会与他人合作劳动，懂得生活用品、食品来之不易，珍惜劳动成果；体会劳动光荣，尊重普通劳动者，进一步增强热爱劳动、热爱生活的态度。	（1）参与家居清洁、收纳整理。如每天家庭公共区域清扫整理等。 （2）每学期学习制作两道较难的家常菜，并协助父母筹备一次"家宴"。如蒸排骨、小炒肉、炖骨头汤等。 （3）继续每年学会1~2项生活技能。如收纳整理四季衣物、整理冰箱、会换床单和被套、独立买菜等。 （4）做小小志愿者，定期参加社区环保、公共卫生等力所能及的公益劳动。 （5）学会种植、养殖、手工制作等生产劳动。如独立操作种植全过程、独立照顾家中宠物等。

【睿智方法】

劳动意识是孩子必备的核心素养。如何让孩子的自理能力真正提高，愿意且积极参与到家务劳动中呢？从文中的几个案例中，我们可以探寻到一些方法。

一、舍得孩子才能套住狼——"舍"

有一句老话：溺子如杀子。教育不仅仅是知识的传递，更有促进身心成长的功能。中国古代很多有名望的家庭非常注重教育与劳动的结合。例如，曾国藩曾把"习劳"作为教子的日课之一。作为父母，我们无疑都是爱孩子的，但要爱得得法，爱得理智，为孩子的未来考虑。父母之爱子，则为之计深远，让孩子能独立，需要什么都舍得让孩子做，把孩子作为独立个体，让他们在实践中学真知。

案例二中的小小妈妈，就舍得放手让孩子做家务，即使孩子嫌脏嫌累，还是鼓励孩子去做，因此，小小最终就算内心不情愿，也还是完成了收拾碗筷和打扫卫生的家务劳动。只要能坚持下去，积极引导孩子对劳动意义的正确认识，并给予一些恰当的小奖励，激发孩子的动力，未来是可期的。

其实，每个孩子在幼年阶段都有参与家务劳动的愿望，他们不懂什么是劳动，只是模仿父母的行为，拿扫帚扫地、用抹布擦桌子，或是用拖把在地上拖来拖去，又或是在我们晾衣服时跑过来帮忙递衣服……可是绝大多数父母立马阻止了孩子的行为，觉得孩子小，怕孩子受伤或累着，又怕碰撞打翻家里摆设的物件。正是在这种不舍中，在父母精心打造的看似美好舒适的温室中，孩子对劳动的兴趣逐渐消失，这无异于折断孩子正在长成的羽翼，也让他在该展翅的时候无法飞翔。养废一个孩子，从"什么都不用你干"开始。

有一种爱叫作放手，舍得放手的家庭，孩子总是特别能干，我们在短视频中也能看到，很多五六岁的孩子，在父母的放手中，冲奶、哄娃、照顾弟妹轻松应对；整理房间、做简单饭菜、取快递，是家中坚实的劳动力。

我们身边也有不少因为舍得用孩子而受益无穷的家庭。这些孩子承担着力所能及的家务劳动，逐渐形成了小主人意识，承担起了作为家庭一员应承担的责任，同时也收获了价值感、被认同感。同时，在劳动过程中，孩子动脑和动手能力也日渐增强，学习上也大为受益。此外，孩子通过自身体会感受到劳动的不易，对劳动者更为敬重，对他人的劳动成果更为尊重。

著名家庭教育指导师刘称莲曾给出过建议："每个阶段，孩子都有自己做事或者帮大人做事的愿望，那是孩子成长的需求。父母要做的就是为孩子提供动手的机会，帮助孩子逐渐长大，而不去剥夺他做事的权利。"知行合一，只有行动了才是真正迈出了自立自强的第一步。

拒绝"宠溺"，直面成长，让孩子在亲力亲为的生活实践中，学会面对家庭以外环境的从容以对，学会直面挫折和失败，培养积极解决问题的良好品质。

二、小不忍则乱大谋——"忍"

"小不忍则乱大谋。"在培养孩子劳动能力的过程中，如果忍不住自己想要插手的心，就会因小失大，让孩子缺乏责任心。缺乏责任感的孩子在成长过程中可能会面临更多的挫折，其未来发展也许会受到影响。

教育专家马卡连柯说："一切都给孩子，牺牲一切，甚至牺牲自己的幸福，这是父母给孩子的最可怕的礼物。"案例一中的丁丁妈妈就败在了"忍"上，若是她忍住心急，以自己为例，亲身示范一遍正确的穿衣方法，再让孩子自己重新穿一遍，孩子的动手能力就会在一次次的失败中得到锻炼，久而久之，孩子的问题就会越来越少，自理能力也将大大提高。

作为父母，在教育孩子的过程中，要时常牢记"忍"这一法宝，不越位，给孩子创造成长的机会。如孩子吃饭慢时，忍住不喂饭；孩子写作业时，忍住不吼叫；孩子在做家务时，忍住心头的万般疼爱，不插手取而代之、忍住不对孩子的劳动成果挑三拣四。

真正对孩子最好的教育，是忍住那份爱。

三、授之以鱼不如授之以渔——"引"

"授之以鱼不如授之以渔。"方法是成功的基石，我们学习任何一项技能，首先要掌握其基本方法。只有学会了各种家务劳动的方法步骤，孩子才能有爱劳动的基础。没有谁是天生自带生活自理能力和劳动本领的，在成人眼中简单的生活技能和家务劳动，在孩子眼中，都是一座座从未攀爬过的高山，他们需要像婴儿学步一样，一步步脚踏实地，慢慢掌握方法。我们不能因为孩子长大了，就自以为他们什么都应该会。不是人人都具备无师自通的本领。

因此，让孩子在不断的实践中掌握劳动技巧，首先要师傅领进门。孩子一开始学习做家务，总会没有章法，作为孩子的第一任老师，在日常家务劳动中，父母要有意识地引导孩子学会劳动的方法和步骤，或是全家人一起干，父母亲身示范，从旁点拨，使孩子能顺利且熟练掌握技巧。如煮米饭，先教会孩子如何把握家人所需的米量，如何淘米和加适量的水，再指导孩子如何安全使用电饭锅，孩子在亲身体验中收获劳动的喜悦。这样既能提高孩子的劳动能力，培养做事的条理性，还能增进亲子关系。

四、得赞一句三冬暖——"赞"

每个人都渴望自己积极努力做的事被肯定，孩子就更渴望父母看到他们的努力，渴望得到肯定和称赞。而对孩子来说，被看见、被肯定、被赞赏是最好的助燃剂。

在我国传统观念的影响下，孩子越大，很多父母在面对孩子时，就越不善于表达内心真实感受，称赞、感谢、表达爱意的话语难以启口，甚至有的父母偏爱说反话，心里想的是孩子真棒，说出口的却是浇灭了孩子热情的反话。

孩子在日常生活中，愿意主动参与家务劳动时，我们首先要做的是积极赞扬，也许孩子的效率很慢，有的还需要家人再收拾一下残局，但只要孩子愿意动手，就是值得肯定的事。

我们要从整个事情中看到孩子的努力，及时且诚恳地对孩子的可取行为给予赞许，让孩子体会到劳动带来的快乐，才能激发更大的兴趣，让良好的行为可持续进行。即便是结果不如人意，也要有能发现亮点的慧眼，对孩子的付出给予反馈，并对不如意之处真诚建议或指导。比如孩子兴致勃勃地想学洗碗，我们就及时夸奖他的勤劳，在任务完成后，我们可以客观地评价孩子的劳动成果。不可说"太浪费水了。""你这碗洗得一点都不干净，等下我还得再洗一遍，真是帮倒忙。"这样的话语就如当头一盆冷水，浇了孩子一个透心凉。如果经常这样，孩子会认为怎么做父母都不满意，慢慢地肯定失去积极性。我们不妨这样说："今天的碗洗得比我想象中干净多了，你可真能干。有几个碗再洗洗，会更干净哦！看，妈妈给你示范一下！"言语中，既保护了孩子的积极主动性，也给予了恰当的指导。

随着孩子自理能力的增强，更乐意参与家务劳动时，我们也可以给孩子量身打造一些小活动，例如，把假日里的某一天设定为"家庭清扫日""家庭劳动竞赛日"，再设定周末亲子游，家庭小游戏等奖励，全家齐心协力用劳动创造美好生活，让孩子觉得劳动本身原来也很美好。

【悦上活动】

一、亲子活动：家庭劳动竞赛日

活动要求：根据家庭成员的工作学习实际情况，每月设定一天为"家庭劳动竞赛日"，将家务活动根据每个家庭成员的能力分配，并按分工制作成表格，列出每个人负责的事项、完成情况星级标准、评分人员、评分登记及奖惩措施，并将表格张贴于家中。在竞赛日当天，全家人认真落实竞赛内容和奖惩措施。此活动使乏味的劳动过程变得有趣，促使孩子积极主动地参与劳动，享受劳动乐趣，提高劳动能力，并增进亲子关系。

二、日常家务劳动积分制

活动要求：根据孩子的学习、休息时间，逐项列举孩子每天能做的家务劳动，制成表格，每完成一项任务累积相应的积分，与孩子商议并确定每个阶段可获得的奖励积分，也可将商定好的奖励制作成抽奖券或刮刮乐的形式，每周末抽（刮）一次奖。在实施过程中，父母要予以监督提醒，以确保孩子每周都能坚持不懈地完成每项任务。

【参考文献】

[1] 钟亚祥.让孩子在劳动中成长[J].中学课程辅导（教学研究），2017.

[2] 奚汇慧.基于家庭视野下的偏差青少年立体心理教育模式——以武汉市某家庭教育支持机构为例[D].武汉：中南民族大学，2014.

阳光自信　成就自我

【崇和课程】

　　小乔是一名四年级学生，身材瘦小，扎着一个小马尾，家中排行老三，有四位兄弟姐妹。她性格内向腼腆，没有朋友，也没有特长。学习方面更是让父母头疼，经常处于班级倒数的位置，因此在外人面前不苟言笑，默默无闻。小乔的母亲是一位家庭主妇，主要负责孩子们的学习和日常起居，而父亲每天都忙于工作，与孩子几乎没有交流。小乔平时喜欢将自己关在房间里看手机或玩电脑，似乎对其他任何事情都提不起兴趣，即使遇到节假日，父母叫她一起出门游玩或到亲戚家做客，她也总是不愿意。

　　有一天放学后，小乔的妈妈接她回家，兴致勃勃地问道："乔，今天老师打电话给妈妈说要让你担任班级的劳动委员，帮助管理班级下午的卫生打扫情况，老师征求你的意见，你说不做，这是为什么呀？""没有什么原因，我只是不想做，怕做不好，而且我的学习成绩不好，担心同学们不听我的。"小乔小声地回答。"哎呀！这有什么好怕的？你做好你自己的本职工作，按老师的规定去做就可以了呀！这有什么难的？"妈妈焦急地给她解释。"不是那么简单的，我真的不想做，怕得罪同学！"小乔怯怯地说。"有老师呢，你怕什么？再说了，这是老师看重你，才让你当劳动委员，你要给自己一点信心！"妈妈极力地说服孩子。这时爸爸在一旁忍不住大声地说："你能做好吗？你学习那么差，老师选你当劳动委员只是让你多干活而已！"爸爸说完后，小乔耷拉着脑袋，一声不吭地走进房间。小乔为什么会这样？是什么造就了孩子现在的这种行为，这不禁让我们陷入思考。

案例中小乔表现出的担心和紧张，以及她所提到的"而且我的学习成绩不好，担心同学们不听我的。"，都显示出明显的缺乏自信，这是典型的自卑心理的突出表现，"不是那么简单的，我真的不想做，怕得罪同学！"，以及最后的耷拉着脑袋、一声不吭等话语和行为，都表明她在消极地保护自己缺乏自信的自卑心理。

"哎呀！这有什么好怕的？你做好你自己的本职工作，按老师的规定去做就可以了呀！这有什么难的？"可以看出，母亲还是非常关心孩子，希望通过自己的言辞来帮助孩子，勇于迈开自信的步伐。虽然态度很平和，但似乎对孩子没起到作用，因为母亲不清楚也不了解孩子缺乏自信的内心世界。尤其加上小乔父亲的那番话，"你能做好吗？你学习那么差，老师选你当劳动委员只是让你多干活而已！"等否定性评价无疑对孩子的心理造成了沉痛的打击，这一点从孩子"耷拉着脑袋，一声不吭"的行为中显而易见。这样的评价，孩子还能自信吗？这样的结果是由谁导致的呢？是我们父母，错误的时机，还有不恰当的言语引导，让孩子一步步走上了自卑的道路。

相信很多父母也有过以上类似的经历或烦恼。据调查，我国大约有15%的孩子缺乏自信。其实，孩子不自信与以下原因有一定的关系。

一、父母与孩子缺乏交流

案例中，小乔的父亲由于平时工作繁忙，几乎与孩子零交流，而母亲只注重孩子的衣食住行等物质上的需求，忽略了孩子的精神需求，自然也就忽视了孩子的内心世界。当孩子出现问题时，父亲却表现出对孩子的过低评价，母亲也只是"不痛不痒"地试图说服孩子，尽管态度相较父亲来说较平和，但孩子并没有理会，因为她不了解孩子缺乏自信的内心世界。在当今社会，有些父母因工作忙碌忽略了孩子，导致一些孩子没有养成一定的行为规范，从而导致孩子生活散漫、缺乏自制能力和上进心，最终影响到孩子自信心的健康发展。

二、父母对孩子的评价过低

如案例中小乔的父亲一样，由于成绩原因，仅看到孩子的缺点而忽略其优点，在教育中往往苛责多于鼓励，孩子听得最多的就是父母对他的苛责，孩子也会因此而失去自信心，产生自我怀疑，觉得自己真的如父母所说般一无是处，逐渐变得自卑、胆怯。尤其是那种否定性评价，"你能做好吗？你学习那么差，老师选你当劳动委员只是让你多干活而已！"更是给予孩子极其沉重的心理打击。如果我们经常这样评价孩子，他们会怎么想呢，他们还有动力去改变自己吗？说不定那时孩子就在想，"不行就不行啰，我本来就很差"。这样会使得原本自信不足的孩子"雪上加霜"，变得更加不自信，久而久之，这类消极评价将加剧原本缺乏自信的孩子的负面认知。遇到事情时心里总有个声音提醒自己"我本来就是这样的，我不行"，进而形成消极的自我暗示，甚至可能引发严重的自卑情绪。

三、学习成绩不好

并非每个孩子都是学习的能手，有成绩好的孩子，也必然会有成绩较差的孩子。面对学习不理想的孩子，父母常常习惯采用数落自家孩子，表扬别人家孩子，甚至责骂、棍棒的方法。孩子长期听父母表扬班上学习好的孩子，时间久了自卑心理逐渐形成，慢慢就开始放弃自己，否定自己，觉得自己就是不如别人，认为自己就是很笨，从而失去了对学习的兴趣，自信心也饱受打击，逐渐消磨殆尽。在学校里，由于小乔的成绩不理想，周围的人难免在平时对她的评价过低，长此以往，使小乔感到沮丧，逐渐否定自己的一些行为和想法，不相信自己的能力与水平。加上小乔性格内

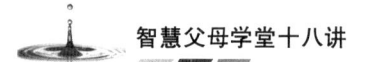

向，没有朋友，进一步加剧了她的心理压力，使她变得越发不自信。

四、自身能力的不足

小乔看到周围的同学都有令他们感到自信和骄傲的才艺和技能。比如：有的同学擅长绘画，并且画得惟妙惟肖；有的同学会唱歌，歌声美妙动人；有的同学会跳舞，舞姿优美动人等。看到身边的同学都有让他们自信的技能，而她却看不到自己的发光点，对比之下更觉得自己一无是处。所以，孩子会因为自身能力的不足，没有掌握任何一项技能而变得不自信。

五、缺少成功的体验

在影响一个孩子成才的诸多因素中，打击孩子最大的莫过于"失败"了。在失败感伴随下成长，将给孩子健康人格的形成带来极大的负面影响，他们会出现孤独不安、过分自责、行为退缩等心理障碍。其次，缺少成功体验的孩子，他们很难坚持，即便目标降低，孩子仍会找借口逃避。就如案例中小乔所言："不是那么简单的，我真的不想做，怕得罪同学！"正是为自己的退缩寻找借口和逃避困难。

也许很多父母会好奇，孩子缺乏自信会带来怎样的影响？接下来我们共同探讨一下孩子缺乏自信的影响。

（一）影响孩子的性格

缺乏自信的孩子，他的性格方面也是存在缺陷的，会变得非常内向，遇到一点点挫折和困难，便容易气馁，即便事情微不足道，也会愈发消极。这样的孩子长大后也很难有一番成就。

（二）影响人际交往

缺乏自信的孩子因性格比较内向而不擅言辞与交际，其实他们内心渴望结交朋友，却因缺乏自信而不敢亲近他人，唯恐被他人取笑。所以，缺乏自信的孩子也会影响其人际交往，不利于未来事业的发展。

（三）影响孩子的心理

缺乏自信心也会影响孩子的心理健康，使其变得自卑、敏感、脆弱。这样的孩子在面对事情的时候，往往会显得没有主见。一旦遇到错误的事情，即便这件事与其无关，他也会认为是自己的原因才会发生这样的错误。因此激发孩子的自信心，让孩子挺起自信的胸膛，是父母应高度重视的问题。

自信心是每个人成功的动力和源泉。孩子自信心的培养会对其一生产生举足轻重的影响。事实上，并非每个孩子都是学习的佼佼者，学生时代成绩优异的人，未来也并不一定会有所建树。但是，如果孩子从小就充满自信，这将对他的一生带来积极意义。父母对孩子的失望意味着教育的停滞，而孩子对自己的失望更意味着进步的停滞。为此，自信心是孩子学习和生活成功的精神支柱，可见自信极其重要。那么，如何培养孩子的自信心，并且成就更好的自己呢？通过案例，我们可以探寻以下一些睿智方法。

【睿智方法】

一、做一个能发现孩子闪光点的伯乐

父母如何看待孩子，孩子很大程度上也会这样看待自己。当父母只看到孩子身上的缺点时，孩子对自我的认知也是"我很差，我不行"，破罐子破摔。当父母看到的都是孩子的优点时，孩子会相信自己是如此优秀，会更加自信、阳光，渴望变得更好。父母发自内心地接纳孩子、认同孩子，孩子才能放下他人的眼光，坦然做自己。即使被全世界用异样的眼光打量，他也依然活得强大而自信。当你看到了孩子身上的光芒，那孩子肯定也能从你的眼中看到闪闪发亮的自己，而不是那个总是被责备打击的自己。

父母的评价对孩子自信心的塑造具有关键性作用。学龄时期，父母对

孩子信任、尊重和认可，经常对他说"你能行"，孩子就会看到自己的长处，肯定自己的进步，认为自己真的很棒。反之，经常受到父母的否定、轻视和怀疑，经常听到"你真笨、你不行、你不会"的评价，孩子也会否定自己，对自己的能力产生怀疑，从而产生自卑感。因此，父母必须时刻注意自己对孩子的积极评价，多为孩子的长处而骄傲，不因孩子的短处而责备。要以正面鼓励为主，善于发现孩子身上的闪光点，不盲目拿自己的孩子与其他孩子随意比较，而应多与孩子的过去和现在进行比较，让孩子认识到自己的长大和进步，并由此激发孩子的自信心。特别是对于那些自身发展较慢的孩子，要给予更多关怀和鼓励，让孩子明白每个人都有长处，每个人都有自己的闪光点，每个人都是独一无二的，从而逐渐树立正确的自我评价。

二、创造机会，在实践中培养孩子的自信心

给孩子安排一些能独立完成的任务，如整理书包、整理床铺、煮饭、洗菜、扫地等，孩子做到了父母一定要及时给予肯定和表扬。有时也请他帮忙做一些稍微有难度的事情，如帮妈妈去超市买生活用品、整理客厅等，如果孩子做好了，父母更应该大方地称赞他，通过言行帮助孩子树立自信心。孩子的自信心和独立性需要一点一滴培养，不能停留在抽象模糊的层面。因此，父母应正确认识孩子的优点和缺点，正确把握尺度，创设良好的学习机会和条件让孩子去尝试和发现，发展孩子的各种能力，并在孩子取得成绩时，及时表扬，充分肯定进步，才能让孩子体验到成功的喜悦，产生积极愉快的情绪体验。

三、用鼓励的方法培养孩子的自信心

鼓励是培养孩子自信心最重要的一个方面，每个孩子都需要不断鼓励，就如植物需要阳光和雨露一样，缺少鼓励会妨碍孩子健康成长。然而，我们往往轻视了对孩子的鼓励，往往忘记鼓励。当孩子试图做一件事时，我

们应给予鼓励和支持。如果我们过度指责，孩子的自信心就会受到伤害，这时问题变得就不像掌握技巧那样简单了，可能导致孩子放弃尝试。对父母而言，我们自己首先不能泄气或失去信心。想要鼓励孩子，最重要的两点是：第一，不要讽刺孩子，避免使其受到更深程度的打击；第二，不要过度夸奖，以免滋生骄傲自满的情绪。在教育孩子的过程中，我们务必牢记这一点：不要让孩子轻易失去对自己的信心。

四、让孩子从成功的喜悦中获得自信心

培养孩子自信心的条件是让孩子不断地获得成功的体验，过多的失败体验，往往容易使孩子怀疑自己的能力。因此，父母应根据孩子的发展特点和个体差异，提出适合其水平的任务和要求，设立一个适当的目标，让他们经过努力完成任务，从中获取成就感和自信心。另外，针对缺乏自信心的孩子，需要额外关注。如：对胆小怯懦的孩子，要有意识地让他们在家里担任一定的工作，在完成任务的过程中培养勇气与自信。民主、和谐的家庭氛围，如同人类赖以生存的阳光、空气一样，时刻影响着孩子的身心健康和智力发展。此外，我们还需用心帮助孩子，积极发挥其优点，运用扬长避短的方法培养、提高孩子的自信心、上进心。因此，父母首先应该改变自己过于追求完美的态度，降低对孩子的期望值，不随意数落孩子，不过分关注他人对孩子的评价，对孩子所做之事多持肯定和鼓励的态度。

要信任自己的孩子，重塑孩子的自信心，让孩子懂得自我肯定。在信任孩子的基础上，父母要为孩子创造展示自我的机会，重点是培养孩子的优点。每个孩子都渴望被关注，如果这种心理需求得不到满足，孩子就会觉得自己"被抛弃""被遗忘"，甚至认为自己没有价值。父母应该了解孩子的这种心理状态，给予孩子更多展现自我的空间，以满足其内心需求。比如：如果孩子喜欢画画或唱歌，父母可以定期为孩子举办一个家庭集体活动，给孩子一个展示自己的机会，这样孩子就会觉得被尊重，从而增强自信心。因此，父母要客观、公正地评价孩子，讲究评价的策略，这对保

护孩子的自信心十分重要。孩子拥有了自信，就拥有了克服一切弱点、缺陷和苦难的勇气。父母还应告诉孩子，要想展现自身价值、享受人生，就必须在任何环境下都保持一种自信的生活态度。稳固的自信心在孩子未来的人生道路上具有重大意义。父母需要明确的是，孩子的自信心并非来自于赢取胜利或奖杯，而是来自克服困难的过程，无论成败，孩子都需要父母的爱与支持。

五、培养孩子的兴趣爱好增强自信心

父母可以根据孩子的兴趣和爱好培养他们的特长，引导孩子通过发挥自己的特长来树立自信。比如，有些孩子虽然缺乏自信，却能写一手好字，父母就可以鼓励他们学习书法，无论是钢笔字还是毛笔字，只要孩子有兴趣去学，肯定能做得很好。父母应及时抓住机会夸奖孩子，让孩子意识到自己也是有能力的，从而增强自信心。当然，父母也可以帮助孩子寻找展示自己特长的舞台，比如参加唱歌比赛、画画比赛、参加环保活动、举办烹饪活动等，在活动中通过其他人来认可孩子的能力，这样更能增强孩子的自信。父母应让孩子明白，每个人都有自己的特长，尽管自己在某些方面不如他人，但在其他方面却有可能超越他人。这时，父母还可以教导孩子运用积极的自我暗示来激励自己，如："我一定能行！""我书法能学好，其他的肯定也能学好！""我真是一个习作高手呀！"这些积极的自我暗示可以让孩子把对某件事的良好感觉扩散出去，进而形成良好的自我意识。

六、随时巩固孩子的自信

巩固孩子的信心是一个持续不断的过程。当父母看到孩子通过不断的成功树立起信心时，千万不能以为大功告成，更要不断地鼓励孩子，巩固其自信心。孩子只有在不断的鼓励中，通过自己不断的努力，才能真正树立起自信。

教育孩子不仅仅是老师的责任，父母才是孩子的第一任老师。每个孩子的成长都离不开家庭、学校和社会这几个特殊的环境。小学阶段是孩子自我意识形成和发展的关键时期，因此父母要和学校密切合作，相互了解，经常交流，针对不同的孩子采取不同的方法，对每个孩子给予正确的引导教育，在一点一滴中、在循序渐进中逐步培养孩子的自信心。

七、良好的家庭氛围是孩子自信的底气，也是最美的家风

父母越恩爱，孩子越自信，因为他浸润在爱的环境下，学会了爱自己、爱他人、爱这个世界。美国教育家杜威说："一切教育的最高目的是形成性格，而最好的家教就是夫妻恩爱。"夫妻只有关系融洽了，才能维护家庭的稳定和安全性，给孩子提供一个自我疗愈的环境。因此，孩子也会拥有被爱的底气，由内而外散发出自信的魅力。

蒙台梭利说过："孩子的心灵是具有吸收性的。"他们未来变成什么样子，取决于在成长期吸收到了什么营养。养育一个自信阳光的孩子，离不开父母的用心栽培。给他边界内的自由和尊重，赋予人生的选择权；给他包容和爱，让他在情绪泛滥时得到接纳；给他理解和耐心，"犯错"时不要急于责备；给他肯定和支持，用鼓励驱散孩子眼前的黑暗；尊重伴侣，让他拥有一个充满温暖和爱的家。这些美好的教育精华，都会成为照亮孩子人生的一束光，指引他们变得阳光自信，成就更美好的自己。

【悦上活动】

一、亲子活动

父母要用发展的眼光去看待每一个孩子，挖掘每一个孩子的不同闪光点，关注孩子的微小进步，并加以强化，让孩子越来越自信。

表 6　孩子微小进步记录表

时间	微小进步的具体表现
第 1 天	
第 2 天	
第 3 天	
第…天	

二、我们一起参与

在育儿过程中，父母要善于运用暗示效应的积极面，培养阳光自信的孩子，父母根据自己孩子的现状和困惑，写一些能够增强孩子自信心的语言。

1. _____
2. _____
3. _____
4. _____
5. _____
6. _____
7. _____

媒介运用　合理掌控

媒介运用　合理掌控

【崇和课程】

周五下午，小凯急匆匆地从学校回家，一到家就开始写作业。妈妈看到这一幕可开心了，心想："我们家小凯终于开窍了，放学后竟然会主动学习"。然而，不到十分钟，小凯就说："妈妈，我写完作业了，可以玩手机了吧！"妈妈难得见小凯那么主动地学习便答应了，并且允诺他，周末只要写完作业后就可以玩手机。这可把小凯高兴坏了，急忙说道："这是你说的哟，可别反悔了。"

周六晚上，小凯吃完饭后便跑进房间玩起手机。妈妈洗完碗后，大声喊："小凯，帮妈妈去倒一下垃圾。"小凯正玩得起劲，完全沉浸在网络游戏的虚拟世界里，时而大喊"上啊！"，时而哈哈大笑，完全没有听到妈妈在叫他。妈妈见小凯没有动静，就来到房间，看到小凯玩得不亦乐乎。妈妈又大喊："你快点，给你玩就只能玩一会，还没完没了，赶快去倒垃圾。"小凯哪会就此罢休，他知道现在网络游戏管控，只能周五到周日和法定节假日的每晚20点到21点玩1个小时，必须争分夺秒，半秒钟都不能浪费。这时，妈妈突然看到摊开在书桌上的作业一个字都没动。立马拉下脸，冲上去，一把抢过小凯的手机，叫骂道："不许玩了，从现在开始，以后都不许玩了，天天就知道玩游戏，作业也不写，除了玩游戏你还会干嘛，以后回来只能写作业。"小凯一听，不干了，对着妈妈又是一顿哭闹："是你答应我可以玩的，现在又反悔，真讨厌。"妈妈没理会小凯，任他自己在房间哭闹。

　　深夜时分，妈妈上厕所时，竟然发现自己的手机不见了。听到小凯的房间有声响。妈妈轻轻地推开小凯的房门，发现小凯居然偷偷拿走了手机，躲在被窝里玩单机小游戏。

　　从案例中，可以看出小凯早早回到家里胡乱写完作业，就为了等着到时间玩游戏。在玩游戏的过程中，妈妈叫他多次都没听见。而小凯质问妈妈，明明答应自己玩游戏却又反悔的时候，并没有检讨自己的问题。从这些现象可以看出小凯喜欢网络游戏已经到了如痴如醉、失去判断能力的地步。从妈妈的话语中我们不难发现，妈妈对于小凯的学习态度是不满意的。妈妈与孩子之间也缺乏正面的沟通。不仅是小凯，现实生活中还有许多父母只看重孩子的学习，忽略了孩子真正喜欢或者想要的"东西"。父母与孩子之间又缺乏沟通。因此孩子们就会在虚拟的游戏世界中找寻存在感，获取短暂的快乐。如网络游戏、单机游戏……甚至有的孩子还偷偷地用父母的账号去玩游戏，花钱买装备，以此为炫耀的资本。却浑然不觉已经在父母不知情的情况下，给家中造成经济损失。电子游戏本身没有问题。在社会压力倍增的当下，电子游戏不失为一种解压的方式，很多成年人都会玩游戏。但不同的是，成年人的自我控制力要远高于心理尚未发育成熟的孩子，即便是玩游戏也可以有节制地自我约束，不会像孩子一样玩起来便无法放下。即将迈入青春期的孩子，面对网络游戏的诱惑和父母简单粗暴的禁止与呵斥时，就极容易产生逆反心理。

　　因此，想要改善这种情况，父母首先要全方位地认识、了解网络，才能给孩子正确的引导。

一、正确看待网络媒介这把双刃剑

（一）网络媒介对学生成长的帮助

1. 网络为中小学生获得各种信息提供了新的渠道

现今，小学生正处于成长阶段，对很多事情常常抱有很大的好奇心，但有时小学生所好奇的信息是传统媒体无法给予的。而互联网却能做到，它容纳了巨量信息，我们几乎可以在互联网上找到所需的任何信息，因此互联网为小学生提供了获得各种信息的新渠道，可谓是一个无尽的知识宝库。

2. 网络有助于拓宽青少年的思路和视野

科学上网可以加强学生之间的交流与沟通，增加学生的社会参与度，还能发掘青少年内在的潜能。

（二）网络媒介对学生成长造成的伤害

1. 对心智健康的不良影响

从某种程度上来说，互联网不仅仅是为小学生打开了认识世界的一扇窗，更为他们创造了一个广阔的求知空间。众所周知，网络上的信息良莠不齐，由于缺乏有效监管，色情、反动的信息在网络上大行其道，防不胜防。小学生辨别是非能力、自我控制能力和选择能力还不足以抵御这些不良信息的负面影响，在不知不觉中很容易成为这些不良信息的"污染"对象。由于网络的隐蔽性，个人信息往往都会被隐藏起来，不少人利用这一特点在网络上发布一些宣扬消极、颓废，甚至违法的思想，容易对孩子的人生观和价值观产生负面影响。

2. 对身体健康的消极影响

长时间面对电脑屏幕导致中小学生生理机能失调、内分泌紊乱、神经系统正常节奏被破坏，造成视力、记忆力明显下降。加上长期缺乏锻炼、缺乏睡眠以及不规律的生活作息，也会降低身体的各项免疫力。据专家介绍，长时间久坐在电脑前的中小学生中，有30%患有缺铁性贫血、近视。

患脊椎和身体其他部位的疾病的概率也明显偏高,甚至有研究表明长时间久坐和缺乏运动会增加抑郁的风险。

3. 对孩子学业的严重影响

网络的乐趣与学习的枯燥形成鲜明的对比,一旦沉迷于网络,即使不得不进入课堂,孩子也往往是身在课堂心思却游离在外,严重影响正常学习和生活秩序,导致学习成绩下降,有些甚至对学习产生厌倦、逃避和辍学的念头。

(三)网络媒介在学生成长过程中的位置

在思考网络媒介问题时,我们需要承认一个事实:即网络媒介已经贯穿于我们的日常生活中,无论是孩子要学习、观影,还是父母要进行社交娱乐,都无法绕开网络媒介。即便孩子本身缺乏获取网络媒介的途径,但父母对网络媒介的运用一定程度上仍然会对孩子产生影响。既然无法完全隔绝孩子与网络媒介的联系,我们就应该正视网络媒介并正确使用它。网络媒介在学生成长过程中应被视为一个工具,我们不能否认它在孩子的成长教育中发挥的积极作用,良好的网络媒介使用习惯可以拓宽孩子们的视野,为孩子获取各种消息提供了一个新的渠道,不仅仅是打开认识世界的一扇窗户,更为他们提供了一个广阔的求知空间,对孩子们的全面发展有所帮助。父母应指导孩子合理运用网络媒介,使他们明白合理运用网络媒介对自身成长的促进作用,这才是处理网络媒介问题的正确态度。

二、孩子"沉迷游戏"的原因

(一)网络游戏的"魅力"

一直以来父母都有一个疑问,为什么在他们看来非常无聊的游戏在孩子们的眼中却显得极其有趣,并引发孩子的沉迷呢?这时我们就需要知道,孩子们之所以会沉迷游戏,是因为在现实中他们的生活过于无聊乏味,对于孩子而言,没有比网络游戏更有趣的事情了。网络游戏已然成为了孩子进入同龄社交圈的敲门砖,在孩子们中间玩游戏玩得厉害,或者正在玩什么热门游戏,都会成为他炫耀和骄傲的资本,能让他们获得同龄人佩服的眼光,因此能够在游戏中获得精神上的满足,同时也成为他们压力释放和情绪宣泄的一种渠道。此外,家长和孩子的沟通交流方式不够完善,每天没有足够的时间陪伴孩子,忽略了孩子自律性的培养,导致孩子想通过游戏来寻求自我从而沉迷。如果家长没有带孩子去做一些让孩子觉得有趣的事情,那么孩子每天除了学习就无所事事,自然就会试图在游戏中寻找寄托。家长们的工作越来越忙碌,同时又需要进行各种社交活动,生活相较于孩子来说要充实得多,自然就不会觉得游戏有趣,更不至于沉迷其中。

(二)虚拟世界的"温暖"

随着孩子年龄的增长,接触范围的扩大,知识面的增加,他们的内心世界变得丰富,并形成了自己的价值观。有时,这种价值观与父母的价值观不同,遭到父母的反对,得不到父母的理解。于是他们就在同龄人中寻求共鸣,与父母也就变得不那么亲近了。此时,如果父母无法了解孩子的这种心理、生理变化,一味简单、生硬地管教,就会迫使孩子产生反抗情绪和行为,而这时孩子想当然地会因为想要与人沟通、分享自己内心的委屈而把时间都花在网络上,为了逃避现实而躲进虚拟的世界中寻求安慰,希望得到他人的理解。这个阶段的孩子,尽管自我意识发展了,但自我控制能力仍然较差,网络的世界是精彩的,因此一旦接触网络,他们很容易沉迷其中。

(三)"双减"政策下的放纵

随着"双减"政策的实施,学生的作业负担和校外培训负担得到减轻。学生在学校的课后服务时间就已经完成了作业,回到家后就开始放纵自己。据部分家长反映,现在孩子们的书面作业减少了,回家后也不用写作业,导致孩子们回到家后就开始看电视、玩游戏。当父母限制孩子看电视或玩游戏时，孩子却会说自己已经完成了作业，为什么不能玩。国家颁布"双减"政策的目的是减轻学生的负担和压力，让学生的双眼可以暂时远离课本，多参与户外运动，让孩子有更多的时间去培养自己的兴趣和爱好，例如篮球、下棋、舞蹈等活动。而打游戏不仅无法让孩子的眼睛得到放松，一些竞技类游戏还会增加孩子的精神压力，迫使他们在游戏结束后依然念念不忘。再加上由于父母放任孩子打游戏，就会养成孩子等着游戏时间到来的坏习惯，一旦到了规定的时间，父母不允许孩子打游戏，孩子就会振振有词地说游戏时间已经到了，不能管我打游戏。

（四）亲子关系的"距离"

一个家庭如果缺乏交流，家庭氛围就会变得冷漠无趣。据调查，在家庭中缺乏交流的学生沉迷网络的概率远高于正常家庭。在家庭中，父母与孩子缺乏交流主要是因为没时间交流、不愿意交流和没办法交流。一些家长因为工作关系，早出晚归，无法抽出时间与孩子交谈，即使见面也只是问问成绩，与孩子相处的时间有限，交流难以深入。有些父母因感情不和等原因经常争吵，长期处于冷战状态，夫妻之间不愿交流，孩子在这种环境下也不愿与父母交流。同时，孩子对社会有了一些自己的看法，与父母或留守家庭中的爷爷奶奶之间存在代沟，对问题的看法有很大差异，导致交流困难。在一个冷漠的家庭氛围中，孩子感受不到家庭的温暖。因此，网络聊天就成为了孩子们热衷的交友方式，在虚拟世界中，孩子们感到非常自由和随意，能够释放自己想要与他人交流、分享生活的内心需求，他们能够与陌生人无话不谈，渐渐地把交流需求转移到虚拟的网络空间中，寻求温暖，不能自拔。

（五）父母长辈的"疼爱"

小学阶段的教育重在习惯养成，但家庭中不正确的教育方式往往导致孩子形成不良习性。如今，孩子成为许多家庭的中心。一些父母和长辈过度保护孩子，特别是爷爷奶奶、外公外婆等，将孩子"捧在手里怕摔，含在嘴里怕化"。什么都给孩子最好的，毫无原则地满足孩子所有的要求，导致孩子过早地拥有了智能手机。由于年龄太小，心智尚未成熟，自我控制能力差，孩子在接触网络游戏后无法摆脱其诱惑。这类孩子在成长过程中，缺乏规矩意识的培养。慢慢地，养成了以自我为中心、任性的性格。他们在学校与同学相处时难以融入群体，对周围的事物产生厌恶情绪。由于缺少集体社交，他们便寻求虚拟网络来满足社交需求。虽然根据"五项管理"的要求，手机原则上不得带入校园，进校后要交由学校统一保管，禁止带入课堂，但回到家，父母又肆意地让孩子使用手机。长辈长期以来对孩子的溺爱纵容，常常被孩子的任性、胡闹所左右，无法控制孩子对手机的使用，最终导致孩子沉迷于网络，影响其健康成长。

【睿智方法】

家庭是培养孩子良好品质的摇篮，同时也可能成为孩子养成不良习性、产生心理障碍的根源。孩子沉迷网络并非简单的不良行为，而是与家庭人文环境、父母的育儿方式、孩子的心理因素密切相关。为此，我们可以采取以下措施来培养孩子的良好习惯，合理管控孩子的媒介运用。

一、陪伴呵护，健康成长

孩子沉迷网络，很多父母首先想到的可能就是清除一切网络设备，让孩子无法接触到手机和电脑，然而这种做法未能从根本上解决问题。简单的封锁行为短期内或许有效，虽然表面上孩子不再使用手机和电脑，可他们又在做什么呢？回归到正常的学习生活了吗？显然没有，孩子可能会变得易怒、孤僻，或者放学后不回家偷偷地去网吧、游戏厅，甚至受坏人的挑唆而离家出走。

现如今，学校已明令禁止学生带手机等电子产品进入校园。学生沉迷网络主要发生在校外时间。离开学校的集体生活后，学生需要家人的陪伴和正常的社交。网络只是生活中的一小部分，现实世界才是学生成长的乐园。现实生活空虚才会促使学生抵制不了网络的诱惑，在游戏中寻求快感。既然我们知道网络能满足孩子的社交需求，那么，我们还可以做些什么也能满足孩子的社交需求呢？在家庭生活中，我们应多开展一些有趣的亲子活动，如一起散步、阅读、唱歌、画画、下棋、玩扑克等。我们要善于挖掘和发现孩子的喜好，至少培养孩子掌握一项运动技能。假期时，父母应尽量减少孩子单独活动的时间，支持他们参加夏令营等有益的集体活动，经常陪同孩子去运动场所开展体育活动，鼓励他们与邻居伙伴们游戏玩耍或与同学们进行友谊体育竞赛，这样既能满足孩子的社交需求，同时也丰富了课余活动，培养了孩子的兴趣爱好，在有共同的生活空间的情况下（例如小区）也可以自然形成互动交流群体，有益于孩子的身心健康发展。孩子的喜好非常容易建立，只要孩子有了新的目标，那么玩游戏的念头便自然而然地逐渐减少，慢慢地被其他的爱好所代替，孩子也就不会沉迷网络，让家长无可奈何。孩子们有了更多的新鲜事物的刺激，自然会不再将网络视为全部的寄托。

二、辨别优劣，引路把关

我们不能因为鱼有刺，就不让孩子吃鱼。同理，不能因为网络存在一些消极影响而不让孩子接触网络，父母们不应谈"网"色变，视网络为洪水猛兽一般。"堵"是一个不太明智的选择，而"放"对于缺乏自律性和判断能力的孩子们来说又存在较大的风险，显然"导"才是上策，孩子们能不能正确地使用网络，父母的正确指导以及积极的预防就显得格外重要了。孩子上网的大部分时间都在校外，父母需要当好孩子的网络引路人。要想让孩子更好地了解和认识网络世界，父母自己需要学会使用网络，能够辨别适合孩子的网站，并担起保护孩子绿色上网的责任。要让网络和谐地融入生活，成为孩子成长道路上的伙伴。父母要让孩子明白手机和电脑不仅仅是一个娱乐工具，更应该是一个学习工具，网络在更多时候是为我们所用，而不是玩耍的工具。与孩子一起上网，从网络中找到孩子的需求，把孩子从迷恋的网络游戏中拉出来。父母与孩子一起上网，是防止网络成瘾的有效方法，也利于亲子间的沟通。孩子最初上网都是比较盲目、随机的，父母可以多引导孩子浏览一些儿童和科普网站，了解更多的网络知识，培养安全上网意识。并且要客观地评估孩子的上网情况，从而更好地了解到自己对于孩子网络教育的成效。只有当家长也熟悉网络世界，多了解、多关心孩子的上网情况，才能发挥网络积极影响的一面，从而引导孩子正确上网。虽然这种做法可能会花费家长大量的时间和精力，但绝对比孩子沉迷于网络游戏或整天刷短视频更为值得。

既然国家只是控制了网络游戏的时间和时长，说明使用电脑和手机本身没有坏处。使用这些网络媒介甚至对孩子有利，既可以扩大孩子的知识面、开阔视野，又可以训练思维、开发智力，有利于孩子综合素质的提高。使用电脑和手机的有害性体现在长时间地沉迷于电脑和手机上。网络游戏企业可在每周五、周六、周日和法定节假日每日 20 时至 21 时，向中小学生提供 1 小时网络游戏服务。那我们就按照要求，控制孩子玩电脑、玩手机的时间不超过 1 个小时。那我们如何让孩子正确使用现代媒介并良好地控制时间呢？亲子合约法是解决这类问题很好的方法。

第一步：民主协商时间与内容。我们应与孩子协商关于电脑和手机使用的时间。如果孩子所玩的内容健康，能够有效激发孩子的智力，只在周末时间玩且不超过 1 小时，我们就应该支持孩子。

第二步：明确责任。协商好时间和内容后，我们就要明确各自的责任。我们承诺了在规定的时间玩电脑和手机，无论孩子是否完成作业都应该允许孩子玩电脑和手机。孩子就要承诺除了这个时间外，即使完成了作业、做完了家务也不能再玩电脑和手机。孩子可以看书、逛街、出去玩等，但不能再使用电脑和手机。

第三步：签订合约。经过协商后，将内容制定成一个亲子合约。三年级以下的孩子可以通过口头协议，四年级以上的孩子可以用书写形式记录，并且一式两份，父母和孩子签名，一份放在家里最显眼的位置，便于提醒父母和孩子执行，另一份存档，记录孩子成长的历程。

第四步：坚决执行。签订好了合约就应该严格执行并且坚持下去。不论发生什么事情都要坚决执行。比如今天因为家庭聚餐超过了时间，孩子可能会要求把时间补回来。我们可能会觉得是自己让孩子错过了时间而让步，这是绝对不允许的。我们一定要坚定立场，否则合约就失去了意义。

在制定合约时，一定要考虑可执行性。如果目标过高，可能根本无法实现。合约的制定必须要根据孩子的实际情况确定，既不能太高也不能太低。当然，在孩子坚持一段时间后，可以根据孩子的表现给予相应的奖励，如果有一天未能遵守就要有相应的惩罚。奖惩也要与孩子协商而定，要根据孩子的不同喜好来定。但要注意不能直接奖励金钱。惩罚也是一样，不要总是拿孩子讨厌的事来惩罚，比如有些孩子不喜欢做家务，家长就惩罚孩子做家务，这样会误导孩子觉得做家务是不好的。

亲子合约法能够促使孩子由他律变成自律，增强其行为的自觉性和主动性。民主协商制定合约体现了父母与孩子之间的尊重与平等，既可以解决问题又可以建立和谐的亲子关系。合约还能让孩子明确责任，从小培养孩子的民主意识和法律意识。

我们的约定

一、制定好学习任务（每天按时完成校内书面作业，在家多阅读）

二、明确使用手机和电脑的前提条件（只可在家里上网玩游戏）

三、明确使用手机和电脑的时长（按照网络管控的时间，仅限周五至周日晚，每天玩一个小时）

四、明确使用手机和电脑的内容（选择安全健康的网络内容）

五、父母要以身作则，减少使用手机的时间，并成为孩子的榜样（要想让孩子真正做到约法三章，家长需要以身作则，必要时调整成相互监督的计划，共同完成目标，让孩子更愿意履行计划）

以上条款自签订之日起认真执行。

协议人：（爸爸妈妈签名）　　　　　　　　　　协议人：（孩子签名）

三、正视媒介，意识当先

媒介对孩子的影响越来越大，我们可以发现，在我们身边，很多小孩早早就戴上了眼镜，并非因为看书所致，而是因为玩游戏和看电视。为什么会出现这种情况呢？我们不难发现，一些家长可能因为工作的原因忽视了孩子的陪伴，就像案例中小凯的父母一样，导致小凯沉迷游戏。在我们的生活中，也同样有这样的父母，并且还占绝大多数。在我们的生活中，还有很多留守儿童，他们由爷爷奶奶或外公外婆照顾，老人往往溺爱自己的孙子、外孙，甚至让他们不去上学，在家无拘束地做任何事情，这也导致孩子沉迷游戏。孩子本身就缺乏自律性，导致孩子更容易受外界环境的影响。在大众传媒中，毋庸置疑，电视对孩子的影响非常大。在有些家庭中，孩子的父母忙于生计，孩子做完作业只能看电视，久而久之，也就形成了一种习惯。看电视当然也是有利有弊的，不能只看动画片，也要学会看一些新闻、热点。但是孩子不懂这些，而身边又缺乏家长的正确指导，就很容易沉迷于电视。现在一些家长可能在打牌、搓麻将时随便把自己的手机丢给孩子打游戏，后面发现孩子沉迷游戏时又后悔不已。当家长看到孩子在打游戏时不能一味地责骂，要循序渐进，毕竟孩子对事情的判断能力还不足。

父母应该教育引导未成年人正确认识网络。网络是一把双刃剑，它既有教育功能和娱乐功能，也容易让人上瘾，难以自拔。一方面，我们要正视网络的教育功能，它可以帮助我们查阅学习资料、解答学习疑惑；可以帮助我们积累知识，开阔视野；可以使我们松弛紧张的神经，舒缓学习的压力。另一方面，也要让大家充分认识到沉迷于网络的危害性，正确引导未成年人不要过度追求网络的娱乐功能，远离"网络游戏"。如果发现孩子在打游戏，我们可以告诉他还可以玩多久，然后可以告诉他电脑不仅仅可以用来打游戏，还可以用来查资料等。这样既满足了孩子想打游戏的心理，同时也让孩子知道电脑可以用来查资料，帮助自己的学习。如果一味责怪，很可能会让孩子产生一种叛逆思想，导致青春期的时候更加难以控

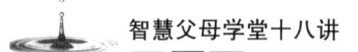

制。媒介必定在我们的生活中扮演重要角色，只要父母和教师正确引导，那么媒介就会成为我们的一个法宝。

【悦上活动】

一、情景分析：

毛毛在读四年级，是个调皮的男孩。平时写完作业后就喜欢看电视、玩手机、玩电脑。妈妈的手机一放下，就会被毛毛拿去玩。而且一玩就几个小时，不给他玩就哭闹。妈妈为此苦恼已久。毛毛缺乏自控能力，如何能够让毛毛更好地控制自己玩手机、电脑的时间呢？

二、亲子活动

（一）人机大战

玩法：家长陪同孩子与电脑进行象棋或五子棋比赛。与电脑进行人机大战，训练孩子的思维能力。也可家长与孩子联机进行比赛，陪伴与娱乐共同进行。

（二）亲子约定

父母与孩子协商玩手机和电脑的时间，明确双方的责任，共同签订亲子约定。签订后严格执行，严格遵守约定，一段时间后可获得奖励。

有效沟通　共同成长

【崇和课程】

晓丹："妈妈，小玲约我下午去逛街，我也好久没去了，我想……"

话没说完，妈妈厉声打断："去什么去，不许去，家里还有那么多事要做，怎么没见你想着帮一帮。马上去把家务做一做。"

"不要，妈妈，我们已经约好了，不可以爽约的。"晓丹委屈巴巴地说。

"小孩子哪来的爽约，你在这和我浪费口舌，还不如赶紧去做做家务。"妈妈再一次严词拒绝了晓丹的请求。

晓丹不甘心地准备再问一次："妈妈……"

"妈什么妈，也不看看自己什么样，还有脸出去逛街？"晓丹听到后委屈地哭了起来。

这时，爸爸闻声过来，看到晓丹在哭，非但没有安慰，反而板着脸对女儿吼道："哭什么哭，少跟我们来这一套。"话音刚落，狠狠地瞪了晓丹一眼。

晓丹很生气，大声嚷嚷道："妈妈一天到晚在家唠唠叨叨，只知道让我做家务，从来没有考虑过给我一些时间和同学一起玩。爸爸，你一天到晚说不上几句话，一开口就是指责我，要不然就是瞪我，我真不知道以后到底该如何与你们说话，真怀疑我是不是你们亲生的。"说完，边哭边跑进了房间。

一、沟通态度缺乏尊重

案例中,母女俩矛盾的导火索在于妈妈不同意晓丹和同学去逛街。妈妈这种行为是不尊重女儿的表现。在我们的潜意识里认为,尊重不仅要体现在思想观念上,还要体现在具体行为上。特别是在与孩子交流时,父母如果还是用严肃、冷峻、盛气凌人、命令、责骂的态度和语气来对待孩子,那么就不是真正地尊重孩子,而是应该采用商量加讨论的方式来与孩子沟通交流。在生活中,父母在与孩子进行直接交流时,往往会自带一种高高在上的姿态,将自己放在一个相对比较高的位置,习惯于用自己饱受失败教训的沉重语气对孩子进行说教式沟通,父母为了维护自己的权威,还会要求孩子对父母的所有要求、行为不容置疑,并且必须严格遵照执行。这种教育方式是不对的。父母首先需要控制好自身情绪,与孩子的交往才能做到真正相互理解和相互信任,父母要尝试和自己的孩子做好朋友,这样孩子才会更加愿意主动地向父母敞开心扉,说出心里话。通过与孩子成为好朋友,了解孩子最真实的想法,父母才能更深入地了解孩子,才能及时给予孩子有效的教育指导。

二、沟通方式简单粗暴

案例中,妈妈说:"去什么去,不许去,家里还有那么多事要做,帮我去把家务做一做。"妈妈还没等晓丹把话说完,就打断了晓丹的话,这是一个不尊重孩子的行为。

作为父母,周末让孩子适当地放松也是应该的。晓丹的妈妈认为,孩子是我生的就要听我的,我说了算,以这样的思维方式对待孩子,把自己的想法不分青红皂白地加给孩子,并且还认为理所当然。

让我们反思一下自己,我们平时有给孩子表达独立想法、与我们沟通的机会吗?在与孩子沟通的过程中,我们能做到尊重孩子吗?我们能静下心来听听孩子的心里话吗?或许我们正如案例中的妈妈一样,对孩子缺乏耐心，还没有等孩子说完就打断孩子的话，不同意孩子和同学外出逛街之类的事。

三、沟通过程缺乏理解

俗话说得好"理解万岁"，互相理解才是亲子沟通的核心。案例中，当晓丹再一次争取时，"不要，妈妈，我们已经约好了，不可以爽约的。"晓丹委屈巴巴地说。"小孩子哪来的爽约，你与其在这跟我浪费口舌，还不如去帮我做做家务。"可想而知，当时的晓丹内心是多么的委屈，觉得妈妈不理解自己，只知道让自己做家务。爸爸闻声过来看到晓丹在哭，非但没有安慰，反而板着脸对女儿说："少跟我们来这一套。"这时我们更能感受到晓丹的情绪，妈妈不同意，爸爸也不理解，最终觉得自己无法与父母沟通。此时如果亲子之间谁都不让步，那么就无法沟通。心灵沟通的重要渠道是互相理解，只有在理解的基础上，才能达到有效的沟通。

【睿智方法】

一、蹲下去，用孩子的思维理解孩子

世界上没有完美的人，同样，也没有完美的孩子。五年级的晓丹正处于青春期初期，感觉与父母没有共同话题。如果父母说多了，她还嫌啰唆。有时候，父母看孩子总是不那么顺眼。因为看到孩子放学回家总是先玩再写作业，在学习上拖拖拉拉、周末还想和同学一起玩。在这种情况下，父母心里很是着急，并且会产生各种各样的不满情绪。当和孩子相处有矛盾时，不要带着敌意去沟通，可以事先制定规则，如有违反，让孩子自己承担相应的后果。

想要走进孩子的内心世界，父母应该适当学会"放手"，让孩子独立完成某一件事情，并表达心中真实的想法。案例中，晓丹渴望独立和自由，

但父母却不放手,不同意晓丹的做法,想把她留在家里做家务。孩子看到父母这样的行为,会感到不被理解和忽视,让她感到没有一点自由。父母没有站在孩子的角度思考问题,也没有努力理解孩子,因此很难走进孩子的内心世界。

其实,每个孩子都是一个"小大人",他们也有自己的想法和空间,也有不愿与父母分享的事情。正如一句名言所说:"假如你想了解别人,那么,别人也同样想了解你。"孩子和父母之间也需要相互交换意见,让双方平等地进入彼此的内心世界。

二、主动寻找与孩子的共同语言

每个孩子在家中都是独特的存在,应当采用独特的教育方法。如果只用单一的教育方式,可能对一个孩子有效,而对另一个孩子则可能一团糟。当亲子关系变得紧张时,父母首先应该尊重孩子的天性,顺着孩子的天性去化解冲突,而不是强迫孩子达到父母想要的结果。案例中,妈妈不同意晓丹和同学外出逛街,而是要求她留在家里做家务,为什么父母会生气呢?因为父母觉得孩子没有按照他们的期望行事,而是做出了自己的选择。换句话说,从父母的角度看,孩子的选择背离了他们的期待,导致他们认为孩子做出了一个错误的决定。

小学五六年级的孩子处于青春前期,出现叛逆现象是很正常的。他们的内心渴望自由,不愿在父母的监管下做事,有自己的思想,希望自己决定某一件事,即使可能是错误的决定,也期待父母能给予帮助和尊重,而不是否定、指责或嘲笑。作为父母,不能逃避孩子不断成长的事实,有的父母希望在不改变自身的情况下,通过某些技巧让孩子听自己的话,只顾及自己的感受。平时在家与孩子缺乏共同语言,对待孩子时常显得不耐烦,甚至不经过思考就轻率地下结论,未给予孩子商量的机会。这种方式不仅伤害了孩子的自尊心,还会让他们感受到不公平。案例中,如果妈妈以另一种态度与晓丹沟通,比如"你想和同学去逛街,都和谁去,去哪逛,大概什么时候回家？"相信孩子听到这样的话，就会觉得妈妈很关注她，尊重她的选择。在与孩子沟通时，不能以说教、命令、强迫等负面语气沟通。除了要考虑孩子的理解能力，还应尽量采用孩子喜欢的沟通方式。如果父母能与孩子建立亲密的友谊关系，那么，孩子将愿意与父母分享开心的或难过的事情。孩子在面临选择时，也会优先参考父母的意见，因为他们知道父母能理解并尊重他们的想法。

为人父母，我们要放下权威与孩子成为知心朋友，与孩子拥有共同语言，这样，父母也能从孩子那里得到更多的理解和尊重。

现实生活中，很多父母认为孩子必须听从他们的话，他们说一就是一，说二就是二，不给孩子发言的权利。其实，孩子也是一个有思想的独立个体，他们也需要得到尊重和理解。父母要以一种平等的态度与孩子交朋友，不应大事小事都自己做主。要时刻考虑到孩子也是家庭的成员，有权发表自己的见解。亲子关系需要彼此走进对方的内心，当父母遭遇困境或委屈时，孩子也会像好朋友一样来安慰你，这样可以增进亲子间的理解。孩子理解父母为家庭的付出，父母也尊重孩子的选择。当父母的给予和付出得到孩子的理解时，孩子明白自己同样可以为家庭承担一份责任时，良好的亲子关系自然就建立起来了。放下父母的架子，不要总是高高在上地对待孩子，把自己当成孩子的朋友，尊重孩子的想法和行为，倾听他们内心的声音。父母是孩子人际关系的第一对象，如果父母能够以朋友的身份与孩子相处，孩子也会更懂得爱。

父母在与孩子沟通时，首先要调整好自己的心态，无论孩子的行为是否符合自身期望，都应理解，我们要一起成长，我们要一起面对很多问题，我们会比别人生活得更幸福、更有乐趣。父母要和孩子建立良好的沟通，这样才能促进孩子的成长。

（一）鼓励孩子大胆表达想法

1.说真话、说实话、好好说话

孩子能主动大胆地与父母表达自己的内心想法，是一件值得表扬的事情,生活中,很多孩子不敢主动和父母沟通,害怕父母会不同意他们的想法。父母应多鼓励孩子表达内心真实的想法,一来可以培养孩子独立自主的意识,二来有益于孩子的健康成长。案例中,晓丹很生气,大声嚷嚷道:"妈妈一天到晚在家唠唠叨叨,只知道让我做家务,从来没有考虑过给我一些时间和同学一起玩。"晓丹的情绪一下爆发了,她觉得父母不理解她。这也是大胆的一种表现,敢于说出心中的想法,无论孩子有何想法,父母都应该认真、耐心地倾听。如果孩子的想法不恰当,父母可以在认真倾听之后再给出建议。孩子敢于大胆地表达自己的想法,是一种自信的表现,也是一种能力的体现。在孩子懂得或者正在经历这些感受的时候,父母应重视并进行有效引导,这对孩子的人格发展起着非常重要的作用。

现实生活中,很多父母常常压抑孩子的情绪,这样做会导致孩子不敢与父母交流,更不敢与父母好好交流,有时还会说谎,这是因为孩子担心父母不认可自己的行为。这也是目前社会上许多孩子患有多动症、迷恋网络游戏以及出现自杀倾向等行为问题和心理问题的原因。这些现象都源于亲子之间缺乏真正有效的沟通。有时候孩子刚要开口说话就被父母打断了,父母如果希望孩子说真话或好好说话,就应该对孩子的话表示出极大的兴趣和十分愿意倾听的态度,孩子才会愿意和你分享。

因此,当孩子有情绪时,我们需要与他们共情,并且完整倾听他们的话,而不是立刻打断。父母在听孩子说话时,可以用面部表情或身体动作来表示认同。比如,靠近孩子身边,与他们的表情和口头语言产生"共振";又比如,一边听孩子讲话,一边微笑地点头说:"哦,是吗?你是怎么想的呢?"让孩子感受到被认可的信号,表示"你说的我都明白了"的意思,这一点非常重要。如果孩子经常闹情绪,最终是会爆发的。心理研究证明:第一次爆发通常出现在小学阶段的青春初期 11～12 岁,第二次通常出现在高中时期约 18 岁,第三次是成年后 25～26 岁。因为一旦孩子认为自己的话被父母接受了,就会对自己产生自信。

2. 利用书面表达方式"说话"

一个能够表达自己喜怒哀乐,表达内心想法的孩子,将会拥有更加丰富的人生体验。然而，并非每个孩子都擅长表达自己，大部分孩子都不太善于表达。如果孩子是不善于表达的性格，父母可以教会孩子将情绪通过文字的形式表达出来，或者用留言条、绘本（图文并茂）与父母沟通，把自己想表达的意思呈现出来。在孩子成长过程中，父母应时刻关注和引导他们的情绪，这对孩子的人格发展和社交能力都会有很好的帮助。

（二）掌握必要的沟通技巧

1. 不要带着情绪与孩子沟通

有一句名言是这样说的："世界上有一种最美的声音，那就是母亲的呼唤。"如果母亲经常带着情绪和孩子沟通，大声吼孩子，那母亲的声音就会变得很刺耳，不再是最美的声音了。父亲也同样重要，如果父亲与孩子交朋友时，让孩子感受到是一个宽容大度的朋友，而不是用短浅的目光看待孩子成长的父亲，这样会有利于孩子的社交。如果在家里，父母双方都不尊重和理解孩子，孩子就会产生不愿与父母沟通的想法。因此，家庭成员之间应互相尊重，才能形成友好的家庭氛围。

现代生活节奏较快，对生活质量的要求也越来越高。然而，很多父母在与孩子的沟通过程中常常会产生莫名的焦躁和不耐烦的情绪，有些父母甚至会随意对孩子发脾气。比如，邻居的小孩丽丽放学后忘记把校服带回家，妈妈得知后，大声责备孩子："你怎么老是忘记带校服，你整天都在想什么，不是忘这就是忘那。"这时，孩子只会低着头不敢说话。孩子忘带校服回家，这只是一件小事，妈妈可以温柔地对孩子说："明天要记得带回来哦。"有时候孩子表达不够清晰，这其中一部分原因在于父母的态度。例如，父母因为一些琐事产生不良情绪，而恰巧这时孩子又对父母提出请求，孩子就成了父母发泄情绪的"出气筒"。案例中，晓丹的父母听说她要和同学出去逛街时，心里就开始产生不满，带着这种不满与孩子沟通，不知不觉中就开始发泄自己的情绪。同样，孩子也会无法忍受父母说话的态度，从而产生对抗。父母说话的态度对孩子来说意义重大。因为父母的性格、脾气会直接影响孩子的心理健康，而且孩子还会想："爸爸妈妈是不是不喜欢我了。"

　　有些父母不自觉地认为沟通就是发泄自己的情绪，这种想法是错误的。例如，一些父母看不惯孩子做事拖拉，当看到孩子动作慢时，就会无法自控地打击孩子："你走路像乌龟一样，能不能快点！"这句话中的不满情绪，相信大家都能感受到。当父母带着不满讲话时，孩子也会想："妈妈整天都在抱怨我，是不是不喜欢我了？"妈妈可以换一种方式和语气对孩子说："你这次确实有点慢，妈妈希望下次你能快一点，好吗？"如果父母的情绪不好，孩子又恰好对其提出请求，而父母又不同意孩子的做法，可以反问孩子说："你觉得这样合适吗？你再考虑考虑吧。"而不是用讽刺的话语打断孩子的话。父母如果觉得自己说话过激，要立刻调整自己的心态。

　　只有调整好心态，才能静下心来反思自己。自我反思包括三点：第一点，思考沟通时失控的原因是什么；第二点，是否因为当时某件烦心事而心情不好；第三点，是否是身体不舒服的影响。父母需要仔细思考后，再规划如何与孩子重新建立良好关系。这里给父母提供几种日常调整心态的方法：多休息，不熬夜，合理安排饮食，适度运动。

　　2. 学会认真倾听

　　沟通的基础在于倾听，即使是用点头示意或保持沉默的方式倾听对方说话都是无妨的。在孩子眼中，只要看到父母这种认真倾听自己说话的行为，就会从内心深处感觉到自己仍是被父母宠爱着的孩子。案例中，晓丹会因为被妈妈打断说话而感到懊恼。因此，作为父母，最重要的是要有耐心地倾听并接受孩子的想法，同时适时地给予点头示意等回应的行为，直到孩子把话说完为止。青春期前后的孩子会想拥有很多新奇的体验，如周末和同学逛街，想拥有一个自由空间等，这些都是很正常的表现。

　　俗话说："一双善于倾听的耳朵胜过十张能说会道的嘴巴。"善于倾听也是最重要、最有效的沟通方式。很多父母因为工作忙碌，在与孩子说话时，常常会急于表达自己的观点，希望孩子能服从且不发表异议。他们往往没有仔细听完孩子的话就打断，会让孩子感觉与父母无法沟通。因此，父母与孩子说话时耐心很重要，不但要听完孩子的诉说，还要学会从中领会孩子的情绪和需求。案例中，妈妈打断晓丹的话是错误的行为。正确的做法是：妈妈应该先倾听完孩子所要表达的想法，不要去评判结果是否合理。待孩子说完后，还应该确认一下孩子内心的真正感受，并传递"原来你是这样想的，嗯，妈妈知道了，我懂的"，这样的一个信息给孩子。让孩子明白你已经理解了她的心情，并与她产生了共鸣。如此一来，孩子就能感受到，原来父母也和我有同样的感受，原来父亲也可以理解我的心情，他们是最爱护我的。

在家庭中，学会倾听是亲子沟通中的一项重要技能。如果亲子之间得不到良好的沟通，那么，整个家庭氛围就会变得不和谐、不温馨。很多家庭也正是因为缺少亲子之间的良好沟通，才会有很多的不愉快。久而久之，孩子慢慢就不愿意和父母沟通。父与子，母与女，要想拥有和谐的亲子关系，要想无所不谈，父母必须要拥有一种倾听的意识，学会倾听孩子的心声。

很多父母在与孩子沟通时常常带有责怪的语气，从而得不到良好的沟通。例如，孩子周末外出玩耍回家，一进家门，妈妈就很嫌弃地说："你看看你满身脏兮兮的，臭熏熏的，还不快去洗洗。"妈妈不如这样说："孩子，今天在外面玩得开心吗？我觉得你应该先去洗洗澡再做别的事情，好吗？"这时，孩子会想，嗯，妈妈说得有道理。把责怪的语气换成"我觉得这样更好"的语气，才能更好地沟通。

【悦上活动】

亲子活动：每天和父母分享学校的学习和生活。分享的过程中可以提高孩子的表达能力和沟通能力。每学期至少组织一次亲子游、观看一场亲子电影、吃一顿美食、爬山等。例如，妈妈建议周末去爬山，与孩子商量时说："孩子，这个周末我们去爬山，怎样？说说你的想法吧"，"爬山虽然有点累，但能锻炼身体，在爬山的过程中还可以和爸爸妈妈聊一聊这个星期在学校的趣事。"而不是命令式的一句话，"星期日我们6点起床去爬山。"

用心关爱　迎接青春

【崇和课程】

青春期的孩子在自己的认知里,一直坚定地认为现在的自己已经完全长大了。不但觉得自己什么都懂,而且在身体发育和思考能力上,就是一个大人了,是完全可以与父母平等对话的大人。但实际上,青春期的孩子身体发育和思维能力仍在不断的成长,虽渐成熟,但并非完全成熟。特别是在青春期后期,有些孩子身体已经趋于成熟或者已经成熟了,但是他们的思维方式和行为习惯都还存在着稚气,还是停留在孩童阶段。因此,无论在什么时候、在什么情况下,父母都需要及时调整和改变与青春期孩子的沟通交流方式,并时刻在生活和学习中多给予孩子正确的引导和关爱。

小杨是一名小学生,在升入六年级以前,一直是一个表现还不错的孩子。在小区内,如果看到认识的人遇到困难,他都会很乐意并且积极主动地去帮助那些人。在一年级至五年级的这段时间,小杨对人非常友善,而小区的人也对小杨非常的热情。因此,小区里男女老少都与小杨的关系比较好。

当小杨升入六年级以后,在小区里的表现开始逐渐改变。与同龄男生一起恶作剧,经常捉弄小区居民。例如,他经常趁女孩子不注意的时候,猛扯女生的头发。然后女生就会立刻回头追小杨,他们就这样在小区里到处追赶。小杨还不时得意地大叫:"来啊,来抓我啊。"这样的事情总会引得其他小伙伴在一旁哈哈大笑。女生追不上小杨,只能找小杨的父母告状。

"你今天为什么又捉弄小区里的人?"妈妈问小杨。

"我只是和他们开个玩笑而已,谁知道他们那么小气!"小杨阳回答道。

"跟你说过多少次了,待人要有礼貌,怎么越大还越不听话呢!谁教你的!"妈妈生气地说道。

"好啦,我知道了,以后不会了。"小杨诚恳地答道。

妈妈也不好再说什么。

虽然因为这些事情多次被父母批评教育,小杨也每次都是一脸知错的表情,并且承诺以后不再那样捉弄女孩子。但是,他转身就忘记了对父母的承诺,又开始了恶作剧。

小杨以前上学总是蹦蹦跳跳地去,现在走路也不蹦不跳了。小区里的人会故意逗弄小杨,小杨会觉得他们极其幼稚,并置之不理。现在回到家,渐渐地也不怎么和父母聊天了。即使父母主动问他"今天在学校是否发生了有趣的事",小杨也就回一句"还是老样子"。

有一天,妈妈在给小杨收拾房间的时候,发现小杨的抽屉里有一根女生用的可爱的橡皮筋,妈妈觉得很好奇,但是也不敢问孩子。在发现橡皮筋之后的一段时间,妈妈又在给小杨收拾书桌的时候,发现他的日记本。于是就偷偷地翻阅了小杨写的日记,发现小杨在日记里写着有喜欢的女孩。妈妈知道后,很是担忧,就把这件事情告诉了爸爸。现在,爸爸和妈妈都担心小杨陷入"早恋",更担心小杨因为"早恋"而影响自己的情绪,进而影响自己的成绩。

案例中的小杨在小区由一个人人都喜欢的孩子变成了一个爱捉弄人,让人头疼的孩子。父母没有在第一时间注意到孩子的变化,也没有对孩子的这些行为进行深入的了解和指导,不明白孩子为什么会发生这样的变化,只是一味地批评教育,而没有对孩子的行为进行正确的引导。

案例中,妈妈在给小杨收拾房间的时候,发现小杨的抽屉里有一根女

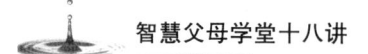

生用的可爱的橡皮筋，妈妈觉得很好奇，但是也不敢问孩子。小杨在日记里写着有喜欢的女同学，被妈妈发现了，而妈妈和爸爸不知道怎么处理。孩子为什么会出现这样的情况呢？出现这种情况，可能是由哪些因素引起的呢？

一、与孩子缺乏沟通

案例中，当妈妈知道小杨在小区逗弄女孩子的情况，以及发现房间里的橡皮筋和日记时，不知道如何与孩子沟通。此时，爸爸也不知如何与孩子沟通。这种出现父母不知道如何与孩子沟通的情况，表示父母平时没有和孩子建立一个良好沟通的习惯，为现在的困境埋下了伏笔。如果继续这样，孩子在青春期遇到一些问题或困难时，父母没办法了解，也无法知道，更无法帮助孩子。

二、对孩子青春期的知识缺乏

（一）父母缺少青春期孩子的生理教育知识

上述案例中，小杨读六年级，正处于青春期发育阶段。在这一时期，父母有责任告知孩子进入青春期后身体可能发生的变化。例如，女孩子初潮来临的恐慌和男孩子第一次遗精的手足无措，会让孩子和父母都不知所措。父母并没有在生活中给孩子讲解有关青春期的知识。因为知识的匮乏，导致孩子在遇到有关青春期的基本问题时，感到了一定的困扰，甚至可能出现心理问题。因此，父母应及时给予指导。

《中小学健康教育指导纲要》中提到，应当给五年级和六年级学生普及青春期发育的相关健康卫生知识，帮助青少年解除关于青春期的疑惑和好奇。随着青少年年龄的增长，他们的生理发育、心理发展、社会阅历和思维方式也在不断变化，正处在身心发展重要时期的他们，特别是在社会压力下，需要得到更多正确的引导和包容。

用心关爱　迎接青春

　　有些父母对青春期的知识也是一知半解，因此需要给自己"充电"，阅读相关书籍，了解相关知识，了解孩子在青春期的身体发育和思维发展特点，并在孩子进入青春期之前普及一些相关的知识，做好充足的知识储备。

　　例如，男孩子进入青春期后，身高会迅速增长，体重也会快速增加。在身体的发育过程中，男生的肌肉会逐渐变得发达，胸部和背部都会逐渐变得宽阔，会越来越有阳刚之气。随着身体激素的作用，男孩的皮肤会逐渐变得粗糙，皮脂腺的分泌也会变得旺盛。进入青春期的男孩子，最开始是没有喉结的，随着雄性激素的增加，喉结会变得越来越突出，还会经历变声阶段，声音会由高亢尖锐，逐渐变得低沉而洪亮，体毛会逐渐增加，并且下巴会逐渐长出胡须。在身体逐渐发育成熟时，男生的睾丸和阴茎会逐步增大，身高会在某个时间段突然增长，阴毛会变得浓密，并且一般在睾丸增大后，声音会由稚嫩的童声，逐步变为成熟的男声，还会出现梦遗的现象，这标志着身体已进入成年阶段。

　　女孩子通常比男孩更早进入青春期，一般在五年级或者六年级时就开始进入青春期。在这一时期，女孩的身高会迅速增高，有些女孩甚至会高过很多同龄的男孩。随着身高增长趋于稳定，体重也会迅速增加，胸部和臀部会逐渐圆润，皮肤也会因激素的影响而逐渐变得细腻，嗓音也会由童声逐渐变细，并且音调也会变得高亢。女孩在体重增加的过程中，乳房也会随着年龄的增长逐渐发育变大，身高也会在某个时间段突然增加，下体的阴毛会变得浓密，一般乳房发育一段时间后会出现初潮，预示着女孩的身体已达成年水平。母亲作为过来人，可以很淡定地对女儿进行开导和讲解，告知每个女孩都会经历初潮，无须担心。

　　例如，随着身体的发育成熟，乳房会逐渐增大，这是正常现象，女孩无须含胸驼背遮掩自己，而应选择适合自己的内衣。还有一些女孩会出现初潮（月经），也就是我们俗称的"大姨妈"。在这个时期，女孩的子宫内膜会周期性地脱落，并伴随着血液一起从阴道流出。此时，女孩需要提前准备卫生棉，预防这种情况的发生，避免自己陷入尴尬的境地。

有女儿的妈妈，就应在身体初步发育的时候告诉孩子，进入青春期后身体会发生哪些变化，并提前谈论一下初潮的事情，这样即使初潮发生，孩子也不会感到恐惧和担忧，同时也能了解相应的处理方法，减轻焦虑。在小杨的案例中，父亲应及时关注孩子的变化，因为父亲是男生且自己也经历过青春期，更容易与小杨聊生理话题。但是，小杨的父母都没有注意到孩子已经进入青春期，不知道孩子的脾气和行为会逐渐改变。因此，父母不仅要及时关注孩子的发育，提供身体所需的营养元素，还要找准时机对即将进入青春期的孩子普及相关知识，告诉他们在进入青春期时可能会遇到哪些问题，以及如何处理或寻求帮助等。

（二）父母缺少青春期孩子的心理教育知识

进入青春期的孩子性格会变得比较叛逆，此时的父母仍然试图命令孩子做事，认为孩子还会像三四岁时一样，所有事情都听从父母的安排。其实，当孩子进入青春期后，生理在发生变化的同时，心理也产生了巨大的变化，下面就让我们了解一下心理会发生哪些方面的变化。

1. 强烈关注自身形象

青春期的男孩和女孩大部分都会开始对自己的外貌产生焦虑，因此可能不太喜欢拍照，尤其可能会特别排斥和大人一起拍照，但如果用美颜功能拍照，可能会更愿意合作。这个时期的孩子喜欢偷偷照镜子，看自己哪些地方长得好看，哪些地方长得不好看。有些女孩甚至会尝试画淡妆出门，希望获得他人的赞美，同时也害怕他人的批评。而有的男孩因为爱运动，容易出汗，因此为了掩盖自己身上的汗味，会在出门的时候给自己喷上一点香水。

2. 希望得到同伴的认可

青春期的孩子在不断尝试自我、寻找自我、印证自我的过程中成长。他们的社交重心会放在与同龄人的交往上，会特别在意同龄人对自己的看法，希望得到同伴的认可，从而建立自信。

3. 情绪变得敏感脆弱

青春期的孩子常常会感到心情低落，也许只是因为同学的一句话，也许只是因为父母的唠叨,都会变得敏感暴躁。他们希望得到同伴的接纳、肯定和认同,渴求父母的理解、陪伴和关怀。他们小心翼翼地维护着自己的自尊心,他们害怕失败,担心被孤立、被忽略、被阻止。他们的内心渴望被关注,但同时伴随着担忧和无助。

4. 追求和展示自己的成人感

在这个特殊的年龄段,孩子可能制造各种问题,令父母头疼。他们的目的就是为了证明自己的存在感、自己的强大,以及自己已经长大成人,需要也应该得到父母的尊重。因此,在这个阶段的孩子,会逐渐与父母较劲,挑战父母的权威,以证明自己的能力。

他们会开始变得不听话,总以为自己已经长大,有了与家长一样的思维和看待问题的能力。青春期的他们受身体激素的影响,有时会态度强硬、举止粗暴,情绪爆发到自己都难以控制。造成严重后果后,自己内心又非常后悔,再三告诫自己下次要控制自己的情绪,但是往往都是历史重演。有时他们将反抗隐于内心,以冷漠相对,将负面情绪转化为不良的心境,成为日后心理问题的根源。

进入青春期的孩子,需要父母给予一定的尊重和理解。因为孩子在成长过程中,审美观也在塑造中,容易受多方面的影响,若不加以引导,很容易形成畸形审美。因此,当父母发现孩子有自己喜欢的类型时,需要帮助孩子把好关,替孩子建立一个基本的审美判断。如果孩子喜欢的衣服很另类,父母可常与孩子讨论不同服装类型,一同找出她既喜欢且大众也能接受的风格,让孩子知道父母和她有同样的喜好,并且父母是尊重理解她的,建立亲子之间的信任感。

父母不仅需要学习青春期的相关知识,还需要时刻关注孩子的身体和心理变化。以防孩子出现意外情况时,作为父母不能第一时间发现并给予孩子帮助和指导。

三、社会环境对孩子的影响

（一）网络环境杂

当今社会，网络迅速发展，即便是两三岁的幼儿，都已经学会操作电子产品。那么，对于年龄较大的孩子可能会在父母不知情的情况下，无意中接触到一些比较成人化的网站或者观看一些比较成人化的视频，这些信息会不利于孩子青春期的发育，严重时甚至会深刻影响孩子的成长。

（二）影视成人化

在近几年的影视剧作品中，儿童动漫或影视剧都比较倾向于成人化。在这些影视剧的影响下，孩子们的青春期性教育则显得尤为重要。

四、朋辈的影响

当孩子结交了一些不良伙伴或结交了一些相对成熟的朋友时，孩子易受他们影响，可能会模仿自己的朋友，行为和思维都会逐步趋于成人化。因此，父母需要与孩子保持沟通，并对孩子的交友把关。

五、食物的影响

如今的食品安全问题层出不穷，对孩子的身体发育也产生了很大的影响。有的孩子偏食，只吃蔬菜或只吃肉，这样会导致孩子在青春期发育不良，甚至影响孩子的身高，还可能会造成身体的损伤。有的家长，为了让自己的孩子身体健康，保证孩子充足的营养，就给孩子买特别多的补品，让孩子天天吃，结果造成孩子营养过剩，引起肥胖或者其他问题。

有的食品含有过多激素，经常食用这类食品，容易造成孩子性早熟，影响孩子的身体发育。因此，父母一定要注意孩子的饮食情况，如果孩子真的缺营养元素，一定要去医院检查后根据医生的建议进行科学合理的补充。

【睿智方法】

一、对孩子进行必要的青春期教育

如今的孩子营养充足，社会的高速发展导致信息泛滥，因此无论是身体的发育，还是思考问题的角度和广度都越来越趋于成熟，且孩子进入青春期的年龄也越来越小。因此，父母要随时关注孩子的成长，在合适的时间给孩子灌输一些关于青春期的知识。例如案例中，小杨的父亲可以找一个机会与小杨单独聊天，可以先和孩子谈一谈彼此最近的生活情况，问问孩子在学校遇到的事情，之后再分享自己类似的经历以及处理方式。最后与小杨一起讨论男孩子青春期的生理变化、心理变化，以及对异性的好奇感，告知其出现这些现象都是正常的，不用担心和害怕。有女儿的家庭，则可以让母亲与女儿聊，用类似的方法，不仅可以了解孩子的情况，还可以拉近与孩子的心理距离，在无形中帮助孩子解决问题。

二、让孩子学会尊重他人保护自己

当孩子进入青春期后，他们的自尊心和自信心都在发展，并且迫切想得到父母的尊重和伙伴的认同。父母不能再采用以往专制的教育方式，或者打压式的教育方式教育孩子，而是应该学会与孩子平等交流，互相尊重，把孩子当作自己的朋友进行对话，传授一些相关知识。

（一）如何与他人交往

青春期的孩子心理具有半成熟、半幼稚的特点，容易跟着自己的情绪走，遇事容易感情用事、冲动。因此，父母可以在合适的时机引导孩子如何与他人交往。

例如，如何与父母交流、如何与同龄孩子交往、如何与老师沟通等。在日常生活中，应教导孩子如何选择结交好的朋友，在与任何人交往时都要学会尊重他人，不要揭露他人的短处，更不能讥笑他人；能与异性同学正常交往，正确地看待自己与异性同学的关系，不盲目追星等。

（二）如何自我保护

父母要在生活中随时随地向孩子灌输安全教育，提醒他们不随便与陌生人搭话，与陌生人保持安全距离，时刻保持警惕，更不能随便吃陌生人的东西或跟陌生人走。如果遇到危险，一定要机智应对，及时寻求帮助等。同时，还要向孩子灌输一些自我保护意识，不结交社会上的不良朋友，不盲目信任他人。增强孩子的自我保护意识，让孩子能安全顺利地度过青春期。

三、父母要用包容的心态看待问题

当孩子进入青春期后，父母应以包容的心态理解和宽容孩子的情绪。因为青春期孩子身体的发育会导致一些生理激素激增，进而引发情绪问题。孩子们在身心都发生剧烈变化的时候，已经很难适应自己的变化，因此，需要父母更多的宽容和理解，用包容的心态教导孩子，用尊重的态度看待孩子的行为，用平等的语气与孩子对话。当孩子犯错时，作为父母不应只是一味地指责孩子，而是先了解事情的缘由，然后用换位思考的方式，站在孩子的角度思考问题，用相互尊重的口吻与孩子讨论事情的本质，让孩子说清楚事情的缘由和每种选择可能带来的结果，让孩子自己做出选择，并承担相应的后果，让孩子学会对自己负责，对他人负责。

【悦上活动】

一、给孩子写封信

如果父母想与青春期的孩子进行交流，但又碍于自己和孩子面对面的沟通比较尴尬，可以尝试给孩子写一封信，让孩子自己选择合适的时间和舒适的空间进行阅读，这样也更能让孩子接受父母的意见。信的内容可以包括对孩子目前行为和情感的理解，拉近双方的心理距离，并解释孩子当前所处的阶段可能出现的身体和心理变化，以及这些变化都是正常的，之后再给孩子说说可能会出现哪些问题，以及这些问题的解决方法。如果阅读过程中有不懂的或者有疑问的地方，可随时向父母请求帮助。

二、陪孩子观看相关的青春期教育电影

父母可以选择一些与青春期相关的电影与孩子一同观看，并在观看后与孩子在愉快的氛围中探讨这些影片所要传达的意思，让孩子发表自己的看法，父母不要随意评价孩子思考问题角度的对与错，而是要拉近与孩子的心理距离，成为孩子的朋友，在潜移默化中给孩子传递正确的青春期价值观。

三、选择一些感恩的教育电影或者书籍

全家人一起去电影院或在家里看一些感恩主题的电影或爱国主题等有教育意义的电影。如《你好，李焕英》《长津湖》等。让孩子通过观影的方式，认识到父母为家里的付出以及父母工作的不容易，激发孩子的同理心。在孩子的心里种下一颗感恩的种子，也让孩子在青春叛逆期，能站在父母的角度思考问题，并能多角度思考问题，最大程度上接受父母对自己的成长建议。

合理消费　美好生活

【崇和课程】

"妈妈，妈妈，我要买双新鞋！"刚放学回到家的小美，书包都还没有放下来就冲着妈妈嚷嚷着。

"我不是刚给你买过一双吗？你还有好多鞋都没穿过呢！而且你说的那双鞋妈妈也看过了，颜色搭配不好看，太花哨了。"妈妈一边说，一边把刚做好的饭菜端到餐桌上："赶紧放下书包，洗手来吃饭。妈妈特意做了你最爱吃的红烧鲤鱼呢！"

"不嘛！不嘛！我就要买新鞋！网上大家都说这双鞋可好啦！我的好多同学都买了，就我没有，我一定要买！"话没说完，小美已经生气地跑回房间："如果不买我就不吃饭！"

"买！等会就去买！"爸爸见状不妙，问都没问，直接答应了小美的要求。

"你就宠着小美吧。"妈妈埋怨道。

"我自己的孩子我不宠谁宠，你没看隔壁老李家那小孩，要什么都给买，周围邻居都夸上天了，咱家差哪了，不差那点钱！买买买！"

小美开心地笑了，爸爸妈妈也开心地笑了，一家人开始愉快地享用晚餐。

合理消费　美好生活

多么温馨和谐的画面，一家人其乐融融，没有任何争吵，也没有任何不满，不知道大家听完这个故事后，是否有一种似曾相识的感觉？我相信，这是很多父母在处理这种情况时的一种选择，既花不了多少钱，又能让一家人开开心心。

但是大家有没有想过，当孩子需要的物品越来越贵重时，不知道父母是否还能如此轻易地满足孩子的要求？因此，这种所谓的爱，其实并非真正的爱，反而是一种扭曲的爱，是一种失去理性、损害儿童身心健康的爱。它的后果也是令父母无法接受的，因为它会让孩子认为一切都是可以轻松获得的，从而导致他们丧失了独立思考的能力，从而产生"我爸是李刚"这种言论，影响到他们的一生，也让父母们承担了更多的责任。而出现这种彼此失调的现象，主要体现在以下三个方面。

一、消费观念成人化

消费无处不在，每个人都离不开消费，而每个人的消费模式也不尽相同。每个家庭的生活方式和消费观念都在潜移默化地影响着孩子，久而久之，孩子的消费观也就与父母特别接近，也就是消费观念会趋向成人化。

（一）炫耀消费、盲目消费

小学生作为一个特殊的消费群体，有着自己的消费特点。没有经济收入的小学生只能依靠父母和长辈给予的零用钱，他们并不明白钱的来之不易，因此在消费上就会出现一些问题。比如当自己购买了漂亮的文具或新衣服后，会向周围的同学炫耀；也会因商品的包装或外形好看而购买，不考虑其实用性；还有的学生只是为了赠品而购买，比如现在流行的卡片，为了能集齐卡片，即使商品本身没有实际使用价值，也会进行消费。这些是学生当中存在的炫耀消费和盲目消费。这样的消费方式对小学生自身并没有好处。长此以往，小学生的消费观念就会产生偏颇，进而影响他们对消费的正确认识。

（二）互相攀比、过度消费

小学生受社会不良风气和媒体的影响，在消费时会互相攀比和过度消费，更有学生认为"购买名牌商品才是身份的象征"。在小学生中，攀比之风一直存在，有些小学生会因为同学的东西好而对父母提出不切实的要求，即使明确知道家里没有承受能力，也会不顾家庭情况而百般要求进而达到自己的目的。

还有这样一个故事。五年级的小王同学过生日，父母特意在酒店为其准备了生日派对，并邀请了要好的同学参加，小张同学也在受邀之列。当小张同学过生日时，他要求父母也准备生日宴会，并邀请同学参加。可小张同学的家庭除了日常开销，并没有足够的资金筹备一场生日聚会，所以他的父母委婉地拒绝了他的请求。小张因父母的拒绝和自卑心作祟，觉得在同学面前很没面子，于是情绪低落，很长一段时间提不起精神学习。

像小张同学这样的现象比比皆是，同学之间的互相攀比和品牌效应，对当前的小学生产生了深远影响。如果不加以制止和指导，将来小学生的消费现象将逐渐成为社会和家庭所面临的重大问题。

二、消费额度偏高

每个孩子都是家里的宝贝，父母总是尽量为孩子选择最好的物品，他们秉持着"再苦也不能苦孩子"的观点，养成了孩子高消费的观念，使孩子只知一味地索取自己想要的东西，而不顾价格的高低，根本不理解钱财的来之不易以及父母赚钱的艰辛。

（一）没有金钱意识，消费较随意

由于小学生没有挣钱的经历，而且很少参与家庭的各种开支，因此根本没有金钱意识，无论是学习用品还是生活用品，只要想要就会购买，根本不会考虑价格的问题。每个孩子都是家里的宝贝，大部分父母在孩子的学习用品上特别舍得花钱，对吃穿方面的消费更是从不吝啬，更有甚者，在孩子的吃穿用度上比父母的花销都大，久而久之，孩子只知道需要买东西的时候找父母要钱，却对父母赚钱的辛苦从不理会，对钱从何处来不管不顾，养成只知道满足自己消费的享乐主义思想。

（二）诱导消费严重，消费不理性

现在的商家特别的会投其所好，因小学生缺乏消费知识，大部分的时候购买物品都是因其包装好看，或只是对商品的附属品感兴趣，又或许是别人拥有的东西自己也想要，根本没有考虑其实用性，这就造成了不理性消费。也因小学生消费经验少，购买商品时没有目的，多数时候是听取了售货员的推销。而售货员推销的商品往往是对自己的利润最高的，对小学生本身的实用性则根本没有考虑。

（三）理财意识欠缺，消费无计划

根据调查结果显示，小学生的消费是没有计划的，往往都是有多少花多少，而很少去计划自己的钱该怎么花，他们往往处于一种有钱了就花，没钱了就向父母要的状态。此外，现在的学生也学会了提前消费，要么向同学借钱，要么在小超市挂账，等有钱了再还。还有个别同学会把钱存在小商铺店主手里，花多少钱就从预存的钱里扣除。这样的消费方式肯定是没有多余的钱进行存储的，当然也就谈不上理财了。

三、消费行为"早熟"

小学生的消费行为深受家庭的影响，他们的言谈举止大部分都来自于家庭的其他成员，因而小学生表现出来的消费行为也就反映了所在家庭的消费习惯。当今的多媒体覆盖面越来越广泛，无论什么行业都有多媒体的影子，大到住房和汽车，小到日常生活用品，基本上每个人都能通过电视、手机或互联网获取最新资讯，受其影响，小学生的消费行为呈现出早熟趋势。

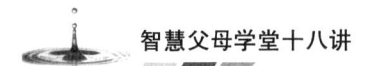

（一）人情消费现象较多

虽然他们只是小学生，但他们的消费能力与消费行为不容小觑，他们有着自己的社交圈子，也有自己需要维护的友情，更有自己的活动方式。他们模仿着成年人的消费行为，不仅限于简单送张贺卡，而会选择更高档次的礼物，以礼物的好坏、价格的高低来衡量朋友间的疏远与亲近。父母应该对这种以人情为导向的消费行为进行反思，尽管我们并未强制要求孩子接受这种消费观念，但是家庭的消费模式已经对孩子的价值观产生了深远的影响。这种消费行为不仅会妨碍孩子的健康成长，还可能扭曲他们的价值观。

人情消费一般表现在以下几个方面。

1. 同学过生日，为其购买上档次的生日礼物

因为孩子们也追求"面子"，都希望自己挑选的生日礼物能在同学中别具一格，但他们不懂得同学间的友谊应该是纯洁的，不应掺杂任何杂质。因此，往往会在价格上追求最特别的礼物，殊不知增加了父母的负担。

2. 特殊节日给老师或同学送礼物

当下，各种节假日也成了学生消费的重要节点，同学之间互赠礼物，给老师送礼物，这都是一些不必要的开支。同学之间相互赠送礼物或赠送老师礼物，都可以自己动手制作一些有意义的东西当作礼物，会更值得纪念。

（二）学生消费自控能力差

由于钱在小学生的眼里只是一个数字，面对琳琅满目的商品，小学生往往禁不住诱惑，喜欢见一个买一个，然后买一个丢一个。因此，他们总觉得自己的钱不够用。而这种一味追求时尚的消费态度只会导致学生的消费观有所偏差，即使将来长大后也不会懂得钱的真正用途。

【睿智方法】

现阶段的学生正处于消费习惯养成的重要阶段，无论是潜移默化的长

期性影响，还是即时的模仿学习，都需要有一个正确的引导，父母对此要有一个清醒的认识，那我们怎样才能做到合理消费呢？

一、从小学生自身方面看

（一）具备良好的观念

小学生正处于一个充满挑战的成长阶段，他们的身心都尚未完全成熟。因此，很容易陷入消费行为的误区，甚至出现攀比的行为。例如，有些小学生喜欢在同学面前摆阔，消费出手阔绰，甚至出现攀比风，这无非是为了标榜家庭的富裕或是为了得到异性的关注等。而一些在生活等各方面表现比较朴素的学生，反倒被贴上"穷酸"之类的标签，受到有意疏远。这些现象的根源在于学生个人的虚荣心作祟。

因此，教育小学生树立正确的消费观念尤为重要，父母维持一个家庭的财政状况非常艰辛，他们应避免过度消费，以免加重家庭负担。尽管有一些小学生的家庭条件相对来说比较优越，在消费时可以有一定的自主权，但也不能养成随便消费的坏习惯，古语有云："家有万贯，怕烧立炭。"说的就是这个道理。应让他们懂得尊重父母的劳动成果。

（二）物质与精神齐抓

当今社会，许多小学生的消费行为更加注重实际，他们更倾向于进行文化娱乐和精神消遣，如运动、绘画、音乐和文学创意等。而且，随着现代社会的发展，人们的生活水平也在不断提高，现代化的工业的进步也使得人们的收入和福祉都得到了改善。因此，在现代化的经济环境下，文化娱乐的价值愈发彰显，尤其对于小学生而言，文化娱乐不仅可以让他们获得更多的乐趣，还可以促进他们的身心健康。对于小学生来说，适度的精神消费既能丰富他们的生活，满足大家对艺术享受的需要，又有利于身心健康，陶冶性情，培养良好的道德情操。

（三）养成勤俭好习惯

作为社会的一分子，我们都应时刻铭记自己的责任，并继承我国悠久的勤俭持家的精神。然而，"人情消费"和"乐趣"却让我们看到，当我们沉迷于物质的消遣享乐之中时，是否忽略了仍存在的贫穷问题呢？在中国，由于经济发展的不均衡，许多人都面临着贫困的挑战。为了让孩子更好地适应社会，父母和教师应该鼓励孩子在经济上的独立和自主，并让他们在实践中获得成长。我们要把钱要花得有意义，真正做到物有所值。可以组织小学生参加各种勤工俭学的活动，培养他们艰苦朴素的优良品质。小学生既能在活动中得到锻炼，又能体验劳动的艰辛，从而理解父母工作的辛苦，养成勤俭节约的好习惯，使消费行为走上正轨。

二、从家庭方面看

在当今社会，父母的行为对孩子的消费行为至关重要。许多父母会出于一种对过去苦难生活的报复心理，过分满足孩子的日常需求。然而，这种做法并不能培养良好的消费习惯。我们应通过传递正确的价值观和提供正确的引导，帮助孩子树立健康的消费观念。

（一）对孩子的过度消费行为说不

每个孩子都是家庭的"中心"，但是有些父母却过分溺爱，毫无限制地满足孩子的消费欲望，这是不正确的做法。小学生的自控能力和判断是非的能力较弱，如果长期被不良的消费习惯所束缚，将会影响他们未来的发展。而且过度满足孩子的消费欲望也会使他们变得依赖他人，缺乏独立解决问题的勇气。当父母给孩子花钱时，他们应该充分了解孩子的消费习惯，并要让孩子清楚地知道自己的家庭经济状况，同时也要严格限制孩子的消费欲望，不能让他们沉溺于虚荣心的诱惑之中。只有这样，才能真正关爱孩子。

（二）与孩子一起制订消费计划

让孩子按照自己的消费计划行事，并在月末进行总结。如果计划执行得很好，父母应给予鼓励。但如果超出预算，父母应与孩子一起总结原因，并找出问题所在。这对孩子来说是一件有意义的事情，可以帮助他们养成节俭、认真负责的习惯。

（三）要引导儿童合理消费

马培幼教授强调，消费可以反映出儿童的需求，但是必须保证它是合理的。因此，父母应避免让孩子养成只要有所需求，就一定要得到的习惯。当孩子的要求无法得到满足时，他们可能通过哭闹、耍脾气等方式表达不满。因此，父母应教导他们学会自我控制，以促进他们消费行为的理性化。

基于此，父母可以利用业余时间为孩子安排一些消费项目，让他们充分了解消费活动。父母可安排以下活动：购买日常生活用品，如油、盐、酱、醋等，让孩子实实在在地了解到一元钱能买到什么，以及生活中所需的商品的价格；还可以和孩子一起去超市购物，限定一定金额，让他们独立选择自己想要的商品，超出部分不予补贴，这样孩子在选择商品时就会更加理性，只能有选择性地购买自己需要的商品；父母还可以选择在周末安排孩子开展"今天我当家"的活动，给孩子 50 元或 100 元，让孩子来做主安排一天的生活，包括时间安排、活动计划以及购买需求物品。

父母为孩子们安排这样的实践活动有助于孩子金钱意识的养成，有助于孩子勤俭节约好习惯的保持，有助于健康消费观的树立。父母这样做，能更好地让孩子在消费中了解消费，在消费中学习消费。

（四）父母以身作则，养成良好的消费行为

在教育孩子的同时，父母也应提高自身的消费理性。父母要明白，健康合理的消费并非简单的"花钱教育"，而是能够让孩子们正确地认识钱和物的关系和价值，合理地支配钱，珍惜眼前的生活。那么，父母就要教会孩子如何合理支配自己的钱，这样不仅可以杜绝浪费，还可以培养孩子

未来在理财方面的能力。

为实现这一目标，父母可采取以下措施：一是明确地告诉孩子钱可以用在哪些方面，不可以用在哪些方面，让孩子了解钱的使用途径；二是父母可以为孩子制定消费计划，要求孩子记录每笔消费，然后定期整理并指出孩子的消费哪些是合理的，哪些是不合理的。对于不合理的消费，父母要及时与孩子沟通，并让孩子做出合理解释。

（五）让孩子参与家庭理财

在家庭日常收入与消费中，要让孩子积极参与，并通过各种途径让他们了解父母赚钱的辛苦，让孩子懂得感恩，懂得勤俭节约。父母也应鼓励孩子通过劳动赚取零花钱，让他们明白金钱来之不易。可以带孩子一起走进工厂，了解生产过程、资源开发和节约原则，特别是了解生活用品的生产过程，这样既开阔了孩子们的视野，也能让他们懂得工人的辛苦劳动。在今后的生活中，珍惜他人劳动成果的同时，更尊重父母的血汗钱。

此外，父母还应培养孩子的储蓄观念。我们可以让孩子从管理压岁钱入手。现在孩子的压岁钱比较多，如何管理、合理使用压岁钱是每个父母要面对的问题。其实，压岁钱是大人之间的一种社交手段，父母需要引导孩子合理利用压岁钱，可以储存起来，也可以购买需要的物品。另外，父母也不要随意挪用孩子的压岁钱。

在当前的经济环境下，树立良好的消费习惯对每个孩子来说都是至关重要的。因此，各方面都必须加强合作，包括父母、老师、学校和社区等。通过培养孩子的合法、节约的消费意识，帮助他们树立良好的消费习惯，从而培养他们的节约意识，使他成为真正的经济主体。当今世界，我们的孩子都应继承和弘扬祖国的伟大精神和文化，使他们的消费行为更加健康有序，以便他们能够在未来更加幸福地生活。

【悦上活动】

一、"最佳采购员"

活动要求：选择一个周末，父母与孩子一起制定家庭购物清单，罗列出所需采购的物品名称、所需数量、规格等基本信息。然后，父母中的一人和孩子各拿到相同金额的现金，各自购买所有物品一半的数量，进行"最佳采购员"比赛。最终，以性价比来定胜负，即在同样物品的情况下，谁花的钱最少，物品品质又最高的获胜。通过这样的采购，让孩子切实了解金钱的价值。

二、"我的账本"

活动要求：为孩子提供一个记账本，每周给孩子一定金额的零花钱，要求孩子将自己的每笔收入和支出详细记录在册，每周周日进行结算，总结本周必要支出和非必要支出。该活动旨在让孩子了解自己的消费情况，养成合理消费的良好习惯。

初小衔接　梦想起航

【崇和课程】

晓晨是家中的第二个孩子，她还有一个哥哥。晓晨的父母总念叨哥哥的成绩不理想，只读了一个普通的二本院校。在父母眼中，晓晨则截然相反，从幼儿园小班开始，就一直是"别人家的孩子"，是老师们的得意门生，也是父母的骄傲，更是家里的掌上明珠。

偏偏就是这样一个"别人家的孩子"，在临近初一开学之际，开始出现问题：爱哭、敏感、脆弱，整日沉迷于手机，甚至还会出言不逊顶撞家人……爱女心切的晓晨父母急得不得了，赶紧给晓晨六年级时的班主任黄老师发求助信息，"黄老师，您能抽时间与晓晨聊聊吗？她最近总是独自躲在房间里，不吃饭，问什么也不说，还无缘无故地哭……"黄老师给晓晨发了信息，并未发觉异样，只当她是个小孩子，偶尔闹闹脾气。

"黄老师，晓晨整个下午都在玩手机，叫她出来散会步，突然就大发脾气，她最近既不学习也不运动。""这孩子一直以来都很乖，最近也没发生什么事呀，怎么突然变了一个人似的……""黄老师，我们都快急死了。想着她一直很喜欢您，只好请求您帮帮忙了。"

黄老师接到求助电话，立刻赶到晓晨家，晓晨却又是平日里那个乖乖女的形象，丝毫看不出一点反常。黄老师问晓晨："你一直都是让人引以为傲的孩子，乖巧懂事，最近为什么把自己锁在房间里不出来？发生了什么事？为什么不学习，也不运动了……"晓晨沉默不语。

无回应的交流，僵持了半个小时。最终，在黄老师让父母短暂离开后，晓晨终于向黄老师敞开了心扉，"黄老师，我不想读初中了。"

黄老师惊讶地问道："你的成绩那么优秀，为什么突然不想上学了呢？"

晓晨哽咽道："我想一直读小学，这样就能每天回家，与爸爸、妈妈、哥哥在一起，我一点儿也不想去陌生的环境，更不愿住校，我不知道该如何与其他同学打交道……"

黄老师："去了新学校，会有新的朋友呀……"

晓晨大声说道："可是，爸爸、妈妈根本不考虑我的感受，他们听信邻居的建议，要我去市里读初中，我不想去市里上学，也不喜欢他们选的那所学校……"

晓晨说着，哭得更厉害了，"我的朋友都没有去那所学校……"

"学习、运动也没有意思，还不如我在家看看短视频、打打游戏……"晓晨接下来的"危险发言"，更是让黄老师的内心五味杂陈。这也让黄老师突然想起家长群近期的信息，大多都在讨论，"我给我家孩子选了……""我家孩子去哪儿玩儿了……"，以及吐槽、嫌弃、埋怨孩子的声音，更多的是不知道自己的孩子到底怎么了，类似"晓晨式的"向老师求助的信息。

看着抽泣的女儿，晓晨的父母满心不解，自己的女儿何时变成这样了？大半个暑假，一直都是女儿自由安排，也没有给她什么压力，还能有什么不开心的？晓晨作为父母心目中的骄傲和全部的希望，为何只沉迷于手机了？黄老师更是疑惑不已，自己的得意门生一直以来都是品学兼优的孩子呀，马上就是初中生了，为何在临近开学之际，变成这副模样了……

其实，从晓晨的家庭背景和成长经历来看，我们不难发现问题所在，也许早就有一些端倪，只是晓晨的父母及亲朋好友只关注到晓晨的乖巧，而忽略了晓晨的内心需求。小学六年级毕业，面临着升入初中的压力，孩子步入青春期后，思想上逐步有自我的理解和认知，不愿意轻易认同他人，会与父母、老师产生分歧。这就是青春期伊始，孩子会更加注重独立性，会更加渴求别人的认可，也会有更多的不知名的烦恼和说不清、道不明的压力。小学毕业考试之前，父母常为孩子的成绩操心。然而，在小学毕业考试之后，无论孩子最终去哪一所学校就读，父母内心都会暗自放松——终于要顺利升入初中了。

黄老师通过了解，也发现了六年级刚开学那会儿，晓晨父母与其他父母相差无几，天天奔波，天天请教，天天着急，生怕错过一丁点信息……考试结束之后，就立马变了，终于考完试了，也如父母所愿，考上了他们喜欢的那所学校。晓晨父母心里那根弦彻底放松了：马上初一了，先好好休息一段时间吧，晓晨这孩子平时这么乖，放假了，爱怎么玩儿就怎么玩儿吧！

案例中，晓晨的不佳状态，恰恰是当下大多数小升初孩子的共性心态。造成这种局面，主要有以下几个方面的原因。

一、孩子自身状态决定结果

（一）自我意识增强

六年级的孩子已步入青春期早期，对事对物有了自己的关注点和想法，身体发育则接近成人水平。但他们的知识体系相对简单，对很多事物的看法过于片面，容易出现自我意识过剩的情况。正如案例中的晓晨，对于即将升入初中，有自己的看法，因而无法接受父母的安排。

（二）群体意识增强

小升初年龄段的孩子更喜欢结交一些与自己年龄相仿、志趣相投的小伙伴，更喜欢和小伙伴一起玩耍，一起分享关于生活的所思、所想，明明知道团结互助、友爱和睦的道理，但在个人情绪上比较容易冲动。案例中的晓晨就总是与父母起冲突，无法有效控制自己的情绪，容易与周围的人意见相悖或产生冲突。

（三）萌发青春欲望

由于生理上的不断发展和变化，孩子对两性关系有了初步的理解，开始对异性产生莫名的好感，抑或是交往欲望。常常会有莫名的冲动、喜悦、不安、愤怒、嫉妒等微妙心理，容易形成动摇、不确定的情感世界。

（四）产生厌学情绪

厌学情绪的产生，归纳起来主要有以下三方面原因。

1. 学习方面

一是孩子深知父母对自己的期望，从而感受到学习压力，由此生出过度的焦虑情绪，从而产生对学习的恐惧和厌恶；二是孩子自身学习基础薄弱，导致学习成绩不理想，自暴自弃，产生消极、抗拒的情绪；三是孩子学习方法不得当，虽然努力，成绩却不尽如人意，孩子可能会掉入自我否定、自我怀疑的思维怪圈，从而讨厌学习。

2. 生活方面

一是孩子在小学期间每天回家，有父母的照顾，衣食无忧，而进入初中后，有的孩子需要住校，要开始自己照顾自己的生活，吃饭、睡觉、洗衣等各种日常生活能否独立成了孩子需要烦恼的事情，有的孩子平日里缺乏独立生活的意识，自理能力较差，独立生活的能力不足，担忧、厌烦就会由此滋生。二是有的孩子自身没有树立正确的生活观念，虚荣心、攀比心理作怪，害怕接触新的学校，进入新的环境，自己的家境与他人有差异，导致同伴关系受影响。

3. 人际交往方面

一是孩子在小学六年级时，成绩优异，进入初中后，换了新的环境，整个班级的学生来自不同的学校，大家各有所长，竞争压力随之增强，原本优秀的孩子突然间变得平平无奇，孩子一时间难以接受这种心理落差，自信心备受打击；二是孩子对集体生活的恐慌，过度忧虑自己进入新的环境没办法与周围同学保持良好的人际关系（例如：住校的同学如何与室友相处，集体生活中如何解决自己的洗衣、洗澡问题，被同学欺负了怎么办，自己与他人作息时间不太一样该怎么办，宿舍其他人之间闹矛盾了我该怎么办……）；三是孩子面对与班中好友或相熟的同学即将分离，以后难见面，心中感到不舍，对于新学校就不太期待了，甚至会产生逃避的心理。

以上种种原因夹杂在一起，使孩子感觉自己陷入了无尽的漩涡，想自救又苦于没有办法，周围人也没能及时帮助到孩子，导致孩子产生厌学情绪和逃避心理。

（五）自尊心增强

随着孩子自我意识的不断增强，自尊心也会变得越来越强，讨厌他人在公共场合否定自己，像案例中的晓晨就很不喜欢父母在场的时候向老师倾诉自己的内心想法。孩子自尊心增强，就会极力维护自己的形象，对他人的否定、苛责、蔑视会产生强烈反应，尤其对于旁人无意间的言语或外界的不公平，情绪会变得异常愤怒和敏感。

（六）自我管理能力欠缺

案例中，晓晨的父母一开始觉得，自己的孩子那么乖，只是沉迷手机而已。时间一长，就发现问题了：孩子的自制力原来没那么好，孩子为什么变得重玩乐、轻学习了。初小衔接阶段的孩子尚未成年，难以抵制不切实际的诱惑，又因为青春期早期的苦闷使他们很难完全自觉地控制自己的情绪和行动，又不懂得克制那些不切合实际的幻想，容易陷入虚拟的世界不能自拔。

"初小衔接"，从字面理解，就是指从小学到初中这个阶段的衔接；但若是把这个阶段放到孩子的成长过程中，并结合老师、学生、家庭来看，则会发现这个过程矛盾重重，任务极其艰巨。在这个衔接过程中，由于孩子个体原因、学校教学模式、外界的诱惑以及生活环境的"突变"，孩子会面临许许多多的新问题，这些问题都会对孩子的自尊心造成冲击。因此，在孩子升入初中前，父母要帮助孩子建立一套新的行为方式和生活模式，以适应小学生活向初中生活的过渡。然而现实生活中，大多数父母往往因为各种各样的原因，忽视了他们在这个过渡期中扮演的积极作用。

二、父母心态影响孩子状态

（一）顺其自然，瓜熟蒂自落

在实际生活中，大多数父母对于孩子的初小衔接过程往往采取放任的态度，认为顺其自然就好，认为这是每个人都要经历的自然发展阶段，没有什么特别。其实，过度溺爱、顺其自然的做法看似是为了孩子好，减轻了他们的负担，实质上是父母没有承担起相应的教育责任，将责任全然推给了老师和学校，甚至社会。主要存在以下几种错误观点。

1. 自动忽略的意识

通过与其他家长的沟通，黄老师发现大多数家长直接忽略初小衔接，抱着进入初中走一步、看一步的心态。后知后觉的父母，随遇而安的心境，结果导致孩子在初一时，整个前半学期都在度过适应期，不知不觉中浪费了初一整个学年四分之一的时间。

2. 玩乐思想严重

处于小升初阶段孩子的父母也许会觉得，小学阶段的各种比赛、小升初毕业考试结束了，终于可以松一口气了。小升初衔接虽然很重要，但在家长眼里，孩子已经辛苦度过了六年，接下来又是忙碌的初中生活，放假期间，即使暂时不学习也没关系，先让孩子尽情地放松放松再说。

3. 认识不全面

小升初就是报个课外辅导班，提前学习初中知识。父母没能意识到初小衔接是从生理到心理各个方面的衔接，了解初中各学科的文化知识只是其中的一环，并非仅仅这一个方面，其他方面的同步培养才是让学习顺利进行的保障。

4. 成绩不重要的心态

在"双减"政策下，孩子的作业减少了很多，也不再像以前一样以考试论英雄了,上初中都是电脑派位,现在也无需像以前那样紧张孩子的学习成绩,以至于孩子升入初中后,面对各学科扑面而来的学业压力难以适应。

5. 把困难丢给孩子

很多父母错误地认为,孩子上了初中,可以住校独立生活了,父母也就解脱了,开始了自我放松的状态,全然未曾想这是把困难全部推给了孩子。殊不知,这个阶段的孩子仍然需要父母有力的支持。因此,无论孩子是住在家还是住校,父母都应与孩子一起心手相连,一起肩并肩面对,及时帮助孩子排忧解难,与孩子一起做好入学准备,这才是最好的做法。

以上几种或焦虑、或懈怠的思想,都是非常不利于孩子顺利度过初小衔接的。初中和小学的学习风格不同。学习方面会更加系统化,逻辑要求也会更高,单纯依靠死记硬背已经无法解决问题,尤其是在学科内容增多、难度加大的情况下,孩子需要具备良好的自我管理能力和科学的学习方法,方能从容应对。很多父母会发现,小学成绩优异的孩子,初中则不出彩。反而,有一部分孩子,在小学时不显山露水,升入初中后,成绩却突飞猛进。这取决于孩子是否在初小衔接过程中得到有效的帮助,以及家长能否帮助孩子及时纾解内心压力。这些因素对于孩子的发展有着重大的影响。

(二)过度紧张,输人不输阵

实际生活中也不乏"奋进型"的父母,他们对初小衔接有一定的认识,也明白其重要性,但又存在认知不够全面的情况,通常表现为以下几个特点。

1. 盲目跟风,别人说好就行

新时代背景下,小升初过程中面临的选择也越来越多,部分父母为了在周围亲朋眼中"倍有面子",就选择让孩子进入一个不适合他们的"贵族学校",给整个家庭带来了巨大压力;也有的父母,一心想着为了孩子好,逼迫孩子一定要考上热门初中,给孩子施加过大压力,甚至导致孩子精神状况异常;还有的父母认为,孩子开心就好,鼓励孩子发展个性特长,学习一些技能,有技能傍身就能过得很好。根据数据调查显示,基于想上热门学校想法的父母占总人群的约 10%。

正因如此，在面对孩子应该选择哪所初中时，父母仅凭自身的认知或周围人群的局部信息而做决定。在国家采取"免试就近入学"的政策下，盲目跟风，盲目模仿他人进行择校，未进行全面分析。父母也未陪同孩子实地考察心仪学校，更不了解孩子真正的需求，导致选择的结果与孩子的意愿不符，最终影响学习效果。"小升初选择"并非"追求时尚"，而是在对学校教育文化、教学方式和服务方式认可的情况下，根据孩子的性格特点和发展需求选择最适合的学校。

2. 犹豫观望，左右不定

有些父母明明心里已经有了决定，也意识到需要帮助孩子做好初小衔接，内心里却又在"这山望着那山高"，花费很多的精力到处打听，信息多了又导致自己六神无主，左右为难，无法下定决心；又或是在考试前，各种逼迫孩子，给孩子施压，希望孩子能考上好学校，以便在亲友面前炫耀，而内心又心疼孩子学习辛苦，希望孩子能够好好休息，平时就放松管理。孩子夹在父母"左右为难"的思绪之间，时紧时松，完全无法真正培养自主能力，久而久之，孩子开始烦恼父母的管教，厌倦学习。

3. 侥幸投机，孤注一掷

一些父母把孩子的未来、全家的希望，寄托在某所"贵族学校"或重点中学上，不惜花费巨大的精力和金钱让孩子进入"贵族学校"或品牌中学，即使家庭条件或孩子自身学习状态只能勉强支撑，也要孤注一掷，只为给孩子拿到通往"上等人生"的敲门砖。殊不知，这样的做法不仅额外加重了孩子的学习负担，同时也加重了家庭的经济负担、降低了家庭的生活质量。其实，初小衔接是一个系统性的过程，孩子的漫漫人生，也不是只有"贵族学校"这一条路，全家的希望在于共同奋斗，而不是把希望完全寄托在孩子身上，将压力转嫁给孩子。

对面临初小衔接的孩子们来说，因为缺乏理解或者干脆不进行小初衔接的准备，导致初中生活不适应的例子不胜枚举，主要表现形态有以下几种。

惶恐不安型：对初中新环境的不确定性产生恐惧心理，尤其是到一个新的学校、接触新的老师和同学，难免会出现抗拒和排斥的现象。

焦虑厌弃型：孩子接收到的信息不全面，担心进入初中后，学习难度增大、科目变多、课程量加大、作业量翻倍，许多孩子面对这种突然的"量变"会感到不满甚至产生厌学的心理。

知难而退型：对学习方式的转变无法适应，一些孩子升入初中后，因小学思维模式和学习方法未得到转变，面对初中生活的各种困难，开始打退堂鼓。

不切实际型：部分孩子自我控制能力差，自我管理能力薄弱，家长也不过多干涉，导致孩子沉溺于虚幻世界，一门心思想着"当网红""打游戏"，浪费了大把时间。

总而言之，初中阶段的学习和生活与小学相比确实存在着较大差距，孩子的身心发展由孩童期向青春期过渡，这个阶段的孩子可塑性很强、变化性很大，这一阶段不仅是孩子掌握基础知识和各种技能的黄金时期，同时也是为未来的人生打基础的关键时期。然而，部分父母存在认知上的局限性，孩子由小学升入初中，并非是简单地进入高一个年级的学习，更是进入一个全新的阶段。初中生的心理特点、初中的学习内容、教师的教学方法、孩子的学习方法、自我管理能力、行为习惯等，与小学都有很大的差异。因此，在初小衔接的过渡期，父母应充分认识初中与小学的差异，并采取行之有效的措施，帮助孩子尽快适应初中生活。

【睿智方法】

面对孩子呈现的种种"不适应"，父母应对初中的学习和生活状况有一个简单的了解，提前做好准备，提高认识，培养孩子的能力，做好衔接，帮助孩子做到均衡发展。孙子兵法中提到"知己知彼，百战不殆"，放在初小衔接上，再合适不过。那么，父母应如何做才能更快速地帮助孩子做好初小衔接呢？

一、亲子手牵手，做好自我管理

鲁迅先生深刻地指出，24小时虽然是宝贵的，但是只有勤劳的人才能获得才智和能力，而偷懒的人只会留有悔恨。因此，我们应把握住机会，把握住每一个能让我们实现梦想的机会，成为自己时间的管理者，把握好自己的生活。

众所周知，初中生活紧张而充实，孩子如何有效利用时间做好自我管理，在最短的时间内做最有意义的事情，将是孩子成功过渡的首要前提。

为了培养孩子良好的自我管理能力，家长应积极引导他们树立正确的时间观念，并且以实际行动来落实。比如，可以通过规划学习、锻炼、休闲的时间，以及培养良好的学习兴趣，抵抗手机游戏等方式，帮助他们更好地管理自己的时间。这些看似微不足道的管理项目，对孩子的成长发展起着至关重要的作用，它们的有效性将影响孩子未来的发展。因此，逐步渗透自我管理意识对孩子的成长具有重要意义。

（一）自我管理的意识和能力要逐渐培养，循序渐进

通过引导孩子对自己进行全面、系统地思考，提高他们在时间安排、节约能源、合理安排资源等方面的能力，让他们在学习中积累经验，培养他们卓越的社会自律意识，从而提升他们对未来的期望。父母应以身作则，如合理安排家务，提升生活品位。这不仅可以给孩子提供一个优秀的榜样，还可以帮助他们学习和实践，养成认真负责的态度。

为了帮助孩子更好地进行自我管理，父母可以根据他们的年龄和认知能力，采取分阶段的方式来培养他们的自我管理能力。

1. 参与阶段（小升初毕业考之前）——重自理

在小学阶段，孩子们已经建立了一定的自我管理能力，并且具备了一些初步的认识基础和实践经验。因此，父母应鼓励他们参与安排各项活动的时间。例如，帮助他们合理规划作息时间，估算完成每项任务所需时间，并在完成任务后进行记录和评估。同时，父母也应给予他们必要时使用电

脑或手机的机会，让他们能够利用电子产品查阅资料，拓宽视野。通过让孩子学习如何有效安排自己的业余时间，帮助他们更好地反思自己的任务完成情况，并帮助他们认真反思改进，进一步加强孩子的自主规划和时间管理能力，从而提升学习效率。

2. 自主阶段（小升初毕业考之后）——重放手

这个阶段的孩子有了一定的自主性和独立性，不喜欢听从父母的说教，因而可以引导孩子独立进行自理，比如自主安排每天的作息时间，包括学习时段、就餐时段、休息时段、活动时段和午睡时段等，并赋予他们充分的自主权。同时，父母要转换角色，从导师的角色慢慢变为鼓励者和支持者，将关注点放在孩子的日常生活上，并尽可能陪伴他们，让孩子感受到父母的关怀，激发孩子进一步提升自我管理能力，展现更好的自己。

（二）父母要善于教孩子自我管理

作为父母，应积极引导孩子培养良好的自我管理能力。首先，父母要以身作则，让他们了解"是什么"和"怎么做"，并成为他们的榜样；其次，父母应大力支持孩子，不仅要给予孩子正确的鼓励，还要以理性的态度处理孩子在自我管理上遇到的困难。

1. 示范引领

北京师范大学心理学院教授张日昇曾在河合隼雄《什么是最好的父母》的译者序中提到"要求孩子做的事情自己首先要做到。"父母可以和孩子一起制订计划，比如每天锻炼一小时、每周阅读一本书、每月参加一次公益活动等。当孩子参与这些活动时，父母也应跟随孩子，并使用"竞赛"的方式来激发孩子的积极性，及时评估孩子的完成情况，以此鼓励和引导孩子，让他们在榜样的指导下取得更大的进步。

2. 耐心陪伴

父母的耐心陪伴在指导孩子进行自我管理方面至关重要，尤其是在孩子缺乏自我控制能力的情况下，这种陪伴更容易激发他们的积极性，并有助于他们形成有序的生活方式。此外，父母还可以与孩子分工合作，比如孩子完成作业，父母完成家务，最后一起欣赏彼此的成就，从而让孩子在自我管理的过程中获得更多的乐趣。通过这种方式的陪伴，不仅可以让孩子拥有独立思考的能力，还可以提升家庭管理的效率。需要强调的是，这种陪伴不仅仅是"看着"孩子做事，而是根据孩子的实际情况给予孩子正确的指导，同时也为孩子提供自主发展的空间，从而达到与孩子共同成长的目的。

3. 理性面对

随着孩子独立意识和责任感的增强，他们的学业和生涯规划也受到越来越多的关注。这就意味着，他们难免会遇到更多的挑战。作为父母，应以客观的态度看待这些挑战，而非采取极端的方式。例如，当孩子未按计划参加活动时，应耐心地聆听孩子的解释，深入挖掘事情的根源，以及孩子的需求，而非单纯的批评责骂。此外，还应给予孩子适度的指导，帮助孩子更好地完成既定计划。还可以设计有趣的游戏和互动，让孩子体验成功的喜悦。同时，作为父母，应该给予孩子充分的尊重和支持，并帮助他们学会如何快速有效地解决日常生活中遇到的各种问题。

（三）做好监测，正确评价孩子的自我管理

通过及时的监督和评估，有助于促使孩子更好地实施自己的目标。这种评估有两种：一种是按照日常生活情况进行评估，即每日的表现，根据当日的表现给出恰当的奖惩；另一种则按照季度或年度来评估，即按照季度、年度的标准来衡量孩子的表现，最后将其进行归纳，做出一个阶段的总结。

1. 短期评价，感受显性快乐

通过对孩子的自我管理能力进行分类评估，可以更好地了解他们的成长情况。例如，在日常生活中，可以制定一个详尽的"星级"评估表，记录每一项活动的完成情况，并进行评估，以更好地了解孩子的自我管理能力。通过一个项目或一天的活动进行短期的评估，可以清晰地反映出孩子在完成任务时的表现。这样可以让孩子主动参与到自我评估的过程中，直观地看到他们的努力成果，并且能够有效地激发他们的自我管理意识。

2. 长效评价，体会深层快乐

通过每周和每个月的评估，父母可以更好地了解孩子在自我管理方面的表现。这样，孩子就能够根据评估结果，确定哪些项目做得很好，哪些项目做得不够好，并采取相应措施改进。通过长期的评估，可以清楚地展示出一周的表现、一个月的情况和一年的成长。这不仅能帮助孩子们学会全面地看待自己的努力成果，还可以通过对比来感受到自我管理对于个人成长的重要性，激发他们的内在动力。

3. 多样评价，助推亲子共同成长

自我管理是人类发展的重要组成部分，特别是在孩童时期，通过短期的评估和反馈，可以清晰地看到自己的付出，并从中获得快乐；而长期的评估和反馈，则可以帮助孩子更好地认识和掌握自己的能力，从而获得持久的成就感。通过短期和长期的评估，我们可以帮助孩子更好地规划他们的日常活动，并培养他们的毅力和持之以恒的精神。同时，这也能够帮助他们更好地控制自己的业余生活，避免被外界的干扰和诱惑所影响，为他们的自主发展打下良好的基础。

在不断提升孩子自我管理能力的过程中，父母在给予孩子适当的物质奖励和精神鼓励之间应当做出恰当的权衡，尤其是在孩子年龄较小的情况下，物质奖励可以激发他们的积极性；而随着孩子年龄的增长，父母应当放弃过多的物质奖励，更多地关注孩子心灵上的成长。

二、亲子肩并肩，调整自身认知

父母应充分准备，以应对孩子进入初中阶段的挑战。初中课程的内容、难度和教学节奏与小学有很大不同，孩子的成绩可能会受到课程难度、学习情况和考试难度的影响而发生变化。父母应以尊重、理解和支持为基础，引导孩子从客观的角度思考问题，并做出正确的决定。

虽然考试结果可以说明一些问题，但在青少年时代，他们的未来发展取决于非智力因素。因此，父母应加强教育，培养他们的勇气、宽容、乐观、积极向上的精神，以及"情绪智力"的思想，激发他们的积极性，增强他们的自主意识，提升他们的学习能力，改善他们的学习态度。

（一）调整对孩子成绩的认知

父母不能把望子成龙变成"令子成龙""逼子成龙"，把望女成凤变成"要女成凤""包女成凤"。父母需要做好长期备战的心理准备，调整心态，开阔胸怀，以波澜不惊的心态面对孩子每次成绩的波动，以稳定的心态引导孩子各方面习惯和能力的培养。心态平和地引导孩子面对生活挫折，同时激发孩子愈挫愈勇的斗志。

（二）调整对孩子关注的重心

父母需要调整自己关注的重点，改变以分数论英雄的心态。孩子成长的道路上，成绩固然重要，但孩子强大心理素质的养成、技能的培养、坚韧的品行、情绪自控力等对孩子的成长更为重要。父母应更多地关注培养孩子的素养。

（三）改变亲子沟通的方式

父母要做好陪伴青春期孩子的准备。父母应避免单向的说教，而要实现相互交流，并且以倾听孩子的表达为主，重视孩子的感受，提升与孩子交流的质量。父母应提前学习青春期知识，帮助孩子培养分析问题和解决问题的能力，助力孩子独立成长，没必要"拔苗助长"。初小衔接阶段的孩子，生理和心理都发生着一系列变化，父母要多些宽容和体谅，不要一味地责骂孩子，多给他们一些安慰和鼓励，帮助孩子树立信心，增强学习动力。以"成长性思维"来引导孩子成长。

（四）加强家校联系的频率

初中生在校时间较小学更长，相应地，在家与父母相处的时间减少，再加上青春期的变化，父母对孩子的了解可能会趋于片面。所以要增加与老师的沟通，更全面地了解自己的孩子，虚心向老师请教家庭教育知识，

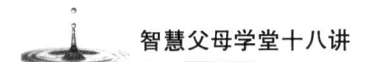

及时帮助孩子分析问题、解决问题。

（五）增加自身学习的时间

孩子在学习，作为父母的我们也应该学习，与孩子一起树立终身学习的意识。学习先进的家庭教育理念，掌握正确的教育方法，转变思维、相处方式和过分自信的思想，不向孩子传递负面情绪。每天保持正能量，不断向孩子输送正能量，一路顺畅地陪伴孩子成长。

（六）明白良师益友的重要

父母要引导孩子结交积极上进的朋友，摒弃身边的"不良少年"。在孩子的成长阶段，除了父母和老师，孩子的朋友对其影响是最大的，所谓"近朱者赤，近墨者黑"，父母应注重引导孩子优化"朋友圈"的环境，并适时地了解孩子当前交友现状，给予适当引导，帮助孩子树立正确的交友观。

三、亲子心连心，做好初小衔接

（一）重视入学前两个月

1. 智慧缓解入学焦虑

即将进入新环境，孩子必然有一定的应激反应，担心成绩会下降，担心自我适应能力，担心人际关系等问题。父母应倾听孩子焦虑的重点，刻意地、科学地采取策略，向孩子比较信任的老师寻求帮助、向孩子介绍初中学习生活的变化、带孩子探访新校园、提供一些科学的学习方法、带孩子结识一些优秀的学长等，帮助孩子重拾战胜困难的勇气，建立克服困难的信心与决心。

2. 扎实训练科学培养

中学课程多、内容多，父母可以参照中学作息，在六年级毕业考之后，提前制定适合孩子的时间计划表，并督促孩子自觉遵守，稳步培养初中学习生活中的一些好习惯。在小升初阶段，孩子的专注力和效率很重要，这也是学习的两个好习惯。初中比小学课程内容多，作业量大，学习时间长，若是平时比较磨蹭的孩子学起来相对吃力。因此，需要父母进行有效的培养和训练，以尽快适应初中的学习和生活。

3. 做实三年学习规划

父母需帮助孩子认识初中阶段的重要性，制定三年规划或者一年规划。这样可以提高孩子的自我意识水平，增强他们的自控能力，促进调节和培养孩子的非智力因素，发挥主体作用，提高学习效率，培养学习能力，做一个有远见的初中生。

4. 提升青春期的认知

初中时期是一个人社会化的重要时期，也是自我意识发展的关键时期，处于心理上的"断乳期"，因而自我意识呈现两重性。同伴认同需求逐渐大于父母认同。父母在做好对青春期的认知的同时，也要给孩子"打好预防针"，与孩子共同探讨在人生的这一特殊时期，如何与周围的人、事、物和谐相处。

（二）关注入学后第一周

1. 关注孩子集体融入度

入学的第一周，父母应关注孩子在新班级的融入情况，可以通过谈话、观察情绪、咨询班主任等方式获得最客观的认知。孩子与新班级双向悦纳，能够为未来初中三年愉快的学习生活打下良好的基础。

2. 关注学业表现情况

初中的课程与小学相比，内容增多，节奏加快，特别是对学生的自主学习能力提出更高要求。父母要注意观察孩子的学习习惯，特别是专注时间的持久性。关注孩子的作业状态与质量，关注孩子对各学科的情绪，从而做出准确判断，必要时结合孩子具体的情况（具体问题具体分析），再去选择性地帮扶。

3. 加强习惯养成教育

初小衔接这一阶段是孩子日常行为习惯养成的最后一段黄金时期。注重孩子与人相处的谈吐、维护环境的意识、参与劳动的热情等，纠正并培养好各种良好的行为习惯，这将对孩子未来学习和生活的每一个领域都产生重要影响。

（三）紧抓入学后一个月

1. 建立对成绩的正确认知

入学一个月后，各门学科都会有单元反馈练习。各科成绩的好坏，必然决定孩子对初中学习的信心。父母要协同老师引导孩子树立一个正确的观念：考试只是检查知识掌握程度的一种手段，帮助判断自己的学习方法是否合理、是否科学、是否需要调整，一次考试成绩并不决定一切，不必因为一次考试成绩而过度骄傲或者沮丧。

2. 建立处理纠纷的正确模式

孩子间的小矛盾不可避免，父母应教育孩子有宽容、包容之心，本着"有理有节"的态度去解决问题，若自己理亏，那更应该诚心认错，绝不能无理取闹、激化矛盾，更不能造成双方家庭都难以承受的后果。教导孩子学会设身处地地为他人考虑，与他人和睦共处，培养孩子高尚的人格魅力。

3. 提升孩子的自我管理能力

孩子进入初中后，面对的诱惑、挫折也会越来越多，坎坷不平之事随时都可能发生，但是良好的自我管理能力可以帮助孩子正确看待生活、看淡压力。纷纷扰扰的世界里，具备良好自我管理能力的孩子，必定能从容应对各种学习压力。

总之，父母应改变育儿观念和方式。努力成为孩子的"知心朋友"，多与孩子进行交流沟通。要合理期望、助力成长，尽量抽出时间陪伴孩子，在生活中向孩子渗透挫折教育、生命教育、身心健康教育等。高质量地陪伴孩子健康成长，而不是"包办"孩子的成长。这样，才能让孩子顺利过渡初小衔接时期，以良好的状态步入初中的学习与生活。

【悦上活动】

一、家庭活动：场外求助，缓解焦虑

如果孩子出现初小衔接焦虑，可以邀请已就读初中及以上的同辈人来家里，进行"现身说法"，给孩子讲授一些初中学习与生活的小妙招，打消孩子的心理顾虑，让孩子提前了解初中的"生存之道"，避免对未知事物的恐惧。

二、实际操作：说走就走，实地考察

利用周末时间，全家人去意向中学走一趟，亲身体验，考察环境，提前熟悉初中校的校园环境，让孩子自己做个对比，为自己选择心仪的中学。

三、自我管理：制定规划，按部就班

鼓励孩子着手为自己未来的学习生活做一个规划，明确初小衔接需要做哪些事情，培养自我管理意识，严格按照规划内容按部就班地执行，让初中生活尽在自己的掌控之中，让新的学习与生活从"心"起航。

后　记

　　本书立足于普及家庭教育观念和知识，基于幼儿和青少年身心发展规律，结合生动的案例，系统而有针对性地呈现并解决家庭教育中出现的问题，注重的是家庭教育方法的理解和掌握。全书语言朴实、通俗易懂、方法得当、切合实际。

　　为了帮助幼儿园和小学家长朋友掌握家庭教育的知识和有效的方法，提高针对性、趣味性、操作性、实效性和应用性，编委会成员在自身工作实践中记录了许多来自家长朋友的真实而生动的案例。在多次召开编写座谈会、购买和参阅大量家庭教育和心理健康教育资料的基础上，反复讨论、拟定写作内容，数易其稿，才最终完成此作。

　　本书适合家长朋友自己阅读，也可作为幼儿园和小学家长学校的使用教材。读者可以从头到尾系统地阅读，也可以选择感兴趣的主题进行阅读。为了帮助家长朋友更好地理解和掌握本书内容，编委会还将每学期组织讲师，分年级在家长学校进行现场演讲，供广大幼儿园和小学家长朋友参考。

　　本书从策划、撰写到正式出版，倾注了编者们大量的心血。在此，由衷感谢为了联升教育集团的成长，呕心沥血付出智慧和汗水的张润林主任，以及在联升教育集团工作过的以及正在工作的所有教职员工，感谢东莞市清溪联升教育集团为编著此书所付出辛苦和努力的所有老师们。

　　此外，本书的编写也得到了编委会全体成员的家人的支持，正是他们

后　记

的悉心照顾和默默奉献，才令编委会成员能够全身心地投入编写工作，使本书得以顺利完成。在此也一并致谢！

由于编者都是一线教师，是从实践者的视角开发幼儿园和小学学校的家庭教育指导系列课程，水平有限，书中的理论表述、指导策略的梳理可能缺乏深度和广度，相关内容和呈现形式可能存在许多遗漏和不足之处，敬请专家和同行们不吝批评指正，让我们在学校家庭教育指导的道路上走得更稳、更远！

编委会

2023 年 10 月